타인간의 대화·통화 녹음녹취 처벌 실무지침서

통신비밀보호법 고소장 작성 고소방법

편저 : 대한법률콘텐츠연구회

(콘텐츠 제공)

법문북스

타인간의 대화·통화 녹음녹취 처벌 실무지침서

통신비밀보호법 고소장 작성 고소방법

편저 : 대한법률콘텐츠연구회

(콘텐츠 제공)

📖 법문북스

머리말

기름 값도 기름 값이지만 퇴근할 때 같은 방향으로 이동하는 사람의 차를 얻어 탈 때가 주자 있는 일입니다. 대부분의 차 안에 블랙박스가 설치되어 있습니다.

차를 타고 가다 보면 정치나 집안일 등 세상을 살면서 대화를 하기 마련입니다. 어두운 차 안에 가깝게 앉아 있다 보면, 마음에 묻어 놨던 얘기도 왠지 자연스럽게 나올 수 있습니다.

그런데 이런 저런 대화를 하다가 문득 반짝이는 휴대전화나 블랙박스 불빛을 보게 되면, 그럴 리는 없겠지만 혹시 내가 하는 말이나 대화가 모르는 일이지만 녹음되는 것은 아닐까 하고 걱정이 될 때가 있습니다.

외부에서 미팅을 할 때 밀폐된 공간에서 상대방과 은밀하게 대화를 나누게 될 때도 있습니다. 대화 중 뭔가 업무상 중요한 내용이 나올 때 상대방 앞에서 하나하나 받아 적을 수 있는 분위기는 아니기 때문에 옆에 놓아둔 스마트폰에 있는 녹음 버튼만 누르면 손쉽게 대화가 녹음될 것인데, 몰래 녹음해 볼까 하는 유혹에 빠지기도 합니다.

중요한 대화를 핸드폰으로 통화하고 나면, 상대방이 내 대화를 녹음한 것은 아닌지 걱정이 들기도 합니다.

대화나 통신의 자유 또는 비밀에 대한 제한은 그 대상을 한정하고 엄격한 법적 절차를 밟을 수 있도록 함으로써 통신 비밀을 보호하고 통신의 자유를 신장하기 위해서 제정된 법률을 '통신비밀보호법' 이라고 합니다.

여기서 통신이란 우편 법에 따른 통상우편물이나 소포우편물과 전화 또는 전자우편 등과 같이 전자적 방식으로 문언, 음향, 부호 또는 영상을 송수신하는 전기통신으로 정의되고 있습니다.

통신비밀보호법은 단순히 훔쳐듣는 의도뿐만 아니라 상대의 정보를 몰래 캐내는 등의 수단으로 활용할 수 있기에 자칫 큰 범죄로 이어질 수 있는 행위입니다.
남의 말을 엿듣는 것은 대화나 통화의 당사자가 내용을 메모, 녹음, 녹화하는 것과는 전혀 다른 것입니다

물론 이를 통해서 유출하면 안 되는 기밀을 누출하는 행위 등은 범죄가 될 수 있지만 이것은 통신비밀보호법과는 별개의 문제입니다. 본인이 녹음된 대화내용의 참여자로서 같이 녹음되어 있지 않다면 무조건 통신비밀보호법의 처벌대상입니다.

통신비밀보호법은 '타인간의 대화'를 몰래 녹음하거나 녹취하는 행위를 금지하고 있습니다. 당사자가 내용을 녹음하는 것은 위법하지 않다는 대법원 판례도 존재합니다.

통신비밀보호법의 녹음이나 녹취는 타인간의 대화에 대한 녹음, 청취 등의 행위 그 자체를 금지하는 것이기 때문에 그 이후 대화 내용을 유출하는 행위나 그로 인해 발생하는 개인정보보호법이나 명예훼손 등에 대해서는 통신비밀보호법에서는 규정하고 있지 않습니다.

기존 통화 녹취는 오랜 시간 상대방의 약속을 확인하거나, 거래처 등과의 통화 내용을 보존하거나, 법적 분쟁을 대비한 증거로 사용하기 위해 녹음하고 녹취록을 작성해 증거로 사용하여 왔으나 통신비밀보호법에는 "공개되지 않은 타인간의 대화"를 녹음 또는 청취할 수 없게 되어 있으므로 이는 대화 당사자가 아닌 제3자에 대한 규율일 뿐, 대화 당사자 중 일부가 상대방의 동의 없이 그 대화 내용을 녹음하는 행위에 대해서는 규율하고 있지 않아 법의 해석에 따라 통신비밀보호법의 취지와 다르게 해석될 여지가 있기 때문에 통신비밀보호법의 일부 개정 법률안이 국회에서 논의 중에 있습니다.

통신비밀보호법에 의하면 범죄 행위가 일어나더라도 대화 상대인 범죄자의 동의 없이는 녹음을 할 수 없습니다. 업무상 상대방의 진위 여부를 위해 녹취를 필요로

여겨지는 경우가 존재하더라도 일단은 통신비밀보호법을 먼저 생각하여야 합니다.

현재 스마트폰의 녹음 기능은 개인의 책임 하에 사용하게 되나 기록의 대상은 당사자가 아닌 불특정 다수인 상황이므로 '동의 받지 않고 몰래한 녹음'을 하면 불법화되어 처벌받게 되고 그 불법으로 수집된 증거는 증거로 사용할 수 없습니다.

상대방의 동의 없이 대화내용을 녹음하고 공개하는 것은 사생활을 침해하는 범죄행위입니다. 법적인 책임 문제를 떠나서, 다른 사람의 사생활을 침해할 가능성이 있는 행위를 하게 될 경우에는 반드시 사전 동의를 받아야 합니다.

공개 되지 아니한 타인 간의 대화를 녹음 또는 청취하거나, 알게 된 통신 또는 대화의 내용을 공개하거나 누설한 자는 1년 이상 10년 이하의 징역과 5년 이하의 자격정지에 처하고 있으므로 통신비밀보호법을 위반하면 벌금형이 없고 1년 이상 10년 이하의 징역형에 처하도록 돼 있으므로 무거운 처벌을 받게 됩니다.

우리 법문북스에서는 통신비밀보호법 위반으로 침해를 당하신 경우 즉각적으로 법적대응은 물론이고 혼자서도 해결할 수 있도록 하기 위하여 실제 있었던 사례를 자세히 분석하고 이에 맞게 고소장을 직접 작성하는 방법과 고소하는 방법을 자세히 수록한 실무 지침서를 권장해 드립니다.

2023.02.
편저자 드림

통신비밀보호법 고소장 작성 · 고소방법

통신비밀보호법
고소장 작성 · 고소방법

제1장. 통신비밀보호법

1. 헌법과의 관계

헌법 제18조에서 '모든 국민은 통신의 비밀을 침해받지 아니 한다'고 규정하여 통신의 비밀 보호를 그 핵심내용으로 하는 통신의 자유를 기본권으로 보장하고 있습니다.

통신의 비밀과 자유는 개인이 국가권력의 간섭이나 공개의 염려 없이 사적 영역에서 자유롭게 의사를 전달하고 정보를 교환할 수 있게 하는 기본권으로서, 개인의 사생활과 인격을 통신의 영역에서 두텁게 보호한다는 전통적인 기능을 넘어, 개인 간의 의사와 정보의 무제한적인 교환을 촉진시킴으로써 표현의 자유를 보장하고 나아가 개인의 의사를 민주주의 이념을 실현하는 데 중요한 기능을 수행합니다.

헌법이 제17조에서 사생활의 비밀과 자유를 보장하고 있는 것과 별도로 제18조에서 통신의 비밀과 자유를 규정하고 있는 것도 이러한 까닭입니다.

2. 사생활 침해

우리 나라는 다른 나라들과 달리 초등학생부터 팔십 노인에 이르기까지 실명으로 개설하는 휴대전화는 24시간 생활과 밀착되어 있다는 점에서 어떤 통신 수단보다 사생활 침해 소지가 매우 큽니다.

휴대 전화나 영상통화는 물론이고 인터넷 전화는 얼마든지 감청이나 도청이 가능하고 하물며 이메일이나 채팅, 영상 채팅, 메신저 등 인터넷 통신 내용에 대해서도 얼마든지 도청이나 감청이 가능합니다.

예를 들어 누구든지 불법 감청기기를 이용하거나 스마트폰의 녹음기능을 활용하면 내부자나 외부 자에 대한 비밀 감청이 일어날 가능성이 아주 높습니다.

3. 대형 범죄의 피해

특히 통신회사를 해외의 기업에서 인수하는 경우에는 통신 내용이 해외로 흘러들어가거나 유출되는 경우 바로 보이스 피 싱 범죄에 고스란히 이용되기도 합니다.

인터넷에서는 이용자도 모르는 사이에 IP 주소가 포함된 이용자의 로그기록이 모두 유출될 수도 있고 이용자가 인터넷에 접속하는 순간 사용하고 있는 컴퓨터의 주소인 IP 주소가 기록되고 누군가에 의하여 IP 주소가 유출될 경우 컴퓨터를 사용한 실제 장소도 순식간에 파악이 가능하기 때문에 범죄에 노출되기도 합니다.

인터넷 실명제와 사용자의 로그기록이 결합하면 특정 개인에 대한 실시간 감시가 가능하다는 뜻입니다. 말하자면 타인 간의 대화의 녹음을 감청하지 않더라도 인터넷 이용자의 로그기록은 IP 주소 뿐 아니라 어떤 사람이 언제 어디에서 인터넷에 접속했는지는 물론이고, 어떤 게시물을 읽었고 어떤 게시물을 썼고 어떤 파일을 내려 받았는지도 얼마든지 추적할 수 있습니다.

4. 통신비밀보호법 적용 기준

통신 비밀보호법 제16조(벌칙)에 의거하여 누구든지 법원의 허가 없이 통신업체에 감청 집행을 요청하거나, 이에 협조한 통신업체의 직원도 10년 이하의 징역 즉, 중형에 처하도록 돼 있습니다.

수사 기관이나 국정원이라도 법원의 허가 없이 감청할 수 없습니다. 통신비밀보호법은 범죄수사 목적과 무관한 통화내용은 즉시 삭제하여 감청에 따른 개인의 사생활 침해를 최소화하였고 통신비밀보호법 제12조에 의하여 감청으로 입수된 자료는 (1)감청의 목적이 된 범죄를 수사 또는 소추하거나 예방 및 징계절차에 사용하는 경우, (2)통신의 당사자가 제기하는 손해배상청구 소송에서 사용하는 경우, (3)기타의 다른 법률의 규정에 의해 사용하는 경우로 한정하고 있습니다.

범죄 수사 목적 외 감청으로 취득한 개인 정보를 공개하거나 누설하는 자는 10년 이하의 징역에 처벌되므로 적절한 감청과정에서 발생 될 수 있는 개인 간 사생활 통화는 즉시 삭제하도록 조치하여 인권침해를 최소화하고 있습니다.

5. 인권 침해와 헌법과의 관계

통신비밀보호법은 이와 같은 헌법정신을 구현하기 위하여 먼저 통신비밀보호법과 형사소송법 또는 군사법원의 규정에 의하지 아니한 우편물의 검열 또는 전기통신의 감청, 공개되지 아니한 타인 간의 대화의 녹음 또는 청취행위 등 통신 비밀에 속하는 내용을 수집하는 행위(이하, 앞으로는 이러한 행위들을 '불법 감청·녹음 등' 이라고만 줄여 쓰겠습니다)를 금지하고 이에 위반한 행위를 처벌하는 한편(제3조 제1항, 제16조 제1항 제1호) 불법 감청·녹음 등에 의하여 수집된 통신 또는 대화의 내용을 공개하거나 누설하는 행위를 동일한 형으로 처벌하도록 규정하고 있습니다(제16조 제1항 제2호)이와 같이 통신비밀보호법이 통신비밀의 공개·누설행위를 불법 감청·녹은 등의 행위와 똑같이 처벌대상으로 하고 그 법정형도 동일하게 규정하고 있는 것은 통신비밀의 침해로 수집된 정보의 내용에 관계없이 그 정보 자체의 시용을 금지함으로써 당초 존재하지 아니하였어야 할 불법의 결과를 용인하지 않겠다는 취지이고, 이는 불법의 결과를 이용하여 이익을 얻는 것을 금지함과 아울러 그러한 행위의 유인마저 없애겠다는 것입니다.

6. 통신비밀보호법 제16조(벌칙)의 해설

제1항 다음 각 호의 어느 하나에 해당하는 자는 1년 이상 10년 이하의 징역과 5년 이하의 자격정지에 처하도록 돼 있습니다.

1. 호 제3조(통신 및 대화비밀의 보호)의 규정에 위반하여 우편물의 검열 또는 전기통신의 감청을 하거나 공개되지 아니한 타인 간의 대화를 녹음 또는 청취한 자.

2. 호 제1호에 따라 알게 된 통신 또는 대화의 내용을 공개하거나 누설한 자.

제2항 다음 각 호의 1에 해당하는 자는 10년 이하의 징역에 처하도록 돼 있습니다.

1. 호 제9조(통신제한조치의 집행) 제2항의 규정에 위반하여 통신제한조치허가서 또는 긴급감청서 등의 표지의 사본을 교부하지 아니하고 통신제

한조치의 집행을 위탁하거나 집행에 관한 협조를 요청한 자 또는 통신제한조치허가서 또는 긴급감청서 등의 표지의 사본을 교부받지 아니하고 위탁받은 통신제한조치를 진행하거나 통신제한조치의 집행에 관하여 협조한 자.

2. 호 제11조(비밀준수의 의무) 제1항(제14조(타인의 대화비밀 침해금지) 제2항의 규정에 의하여 적용하는 경우 및 제13조의5(비밀준수의무 및 자료의 사용 제한)의 규정에 의하여 준용되는 경우를 포함한다)의 규정에 위반한 자.

제3항 제11조(비밀준수의 의무) 제2항(제13조의5(비밀준수의무 및 자료의 사용 제한)의 규정에 의하여 준용되는 경우를 포함한다)의 규정에 위반한 자는 7년 이하의 징역에 처하도록 돼 있습니다.

제4항 제11조(비밀준수의 의무) 제3항(제14조(타인의 대화비밀 침해금지) 제2항의 규정에 의하여 적용하는 경우 및 제13조의5(비밀준수의무 및 자료의 사용 제한)의 규정에 의하여 준용되는 경우를 포함한다)의 규정에 위반한 자는 5년 이하의 징역에 처하도록 돼 있습니다.

7. 통신비밀보호법 제17조(벌칙)의 해설

통신 비밀보호법 제17조(벌칙) 제1항 다음 각 호의 어느 하나에 해당하는 자는 5년 이하의 징역 또는 3,000만 원 이하의 벌금에 처하도록 돼 있습니다.

1. 호 제9조(통신제한조치의 집행) 제2항의 규정에 위반하여 통신제한조치허가서 또는 긴급감청서 등의 표지의 사본을 보존하지 아니한 자.

2. 호 제9조(통신제한조치의 집행) 제3항(제14조(타인의 대화비밀 침해금지) 제2항의 규정에 의하여 적용하는 경우를 포함한다)의 규정에 위반하여 대장을 비치하지 아니한 자.

3. 호 제9조(통신제한조치의 집행) 제4항의 규정에 위반하여 통신제한조치허가서 또는 긴급감청서 등에 기재된 통신제한조치 대상자의 전화번호 등을 확인하지 아니하거나 전기통신에 사용되는 비밀번호를 누설한 자.

4. 호 제10조(감청설비에 대한 인가기관과 인가절차) 제1항의 규정에 위반하여 인가를 받지 아니하고 감청설비를 제조·수입·판매·배포·소지·사용하거나 이를 위한 광고를 한 자.

5. 호 제10조(감청설비에 대한 인가기관과 인가절차) 제3항 또는 제4항의 규정에 위반하여 감청설비의 인가대장을 작성 또는 비치하지 아니한 자.

5의2. 제10조의3(불법감청설비탐지업의 등록 등) 제1항의 규정에 의한 등록을 하지 아니하거나 거짓으로 등록하여 불법감청설비탐지업을 한 자.

제2항 다음 각 호의 어느 하나에 해당하는 자는 3년 이하의 징역 또는 1,000만 원 이하의 벌금에 처하도록 돼 있습니다.

1. 호 제3조(통신 및 대화비밀의 보호) 제3항의 규정을 위반하여 단말기기 고유번호를 제공하거나 제공받은 자.

2. 호 제8조(긴급통신제한조치) 제2항 후단 또는 제9항 후단의 규정에 위반하여 긴급통신제한조치를 즉시 중지하지 아니한 자.

3. 호 제9조의2(통신제한조치의 집행에 관한 통지) 제14조(타인의 대화비밀 침해금지) 제2항의 규정에 의하여 적용하는 경우를 포함한다)의 규정에 위반하여 통신제한조치의 집행에 관한 통지를 하지 아니한 자.

4. 호 제13조(범죄수사를 위한 통신사실 확인자료제공의 절차) 제7항을 위반하여 통신확인자료 제공 현황 등을 과학기술통신부장관에게 보고하지 아니하였거나 관련자료를 비치하지 아니한 자.

통신 비밀보호법 제18조(미수범) 통신비밀보호법 제16조(벌칙) 및 제17조(벌칙)에 규정된 죄의 미수범은 처벌합니다.

제2장. 불법 대화 녹음

상대방의 동의나 허락 없이 그 대화를 녹음해도 되는 것인지 문제가 됩니다. 누구든지 소송에서 승소하려면 증거가 있어야 하고 상대방이 하는 말은 확실한 증거가 될 수 있다는 생각으로 그 대화 녹음을 하려고 하면 그 행동이 법적으로 어떤 문제가 되는지 궁금합니다.

비밀 녹음하는 그 자체가 불법인지 그 비밀 녹음을 하다가 걸렸을 때 어떤 법적 책임을 지는지가 문제입니다. 우선 동의나 허락을 받고 타인 간의 대화를 녹음하는 것은 법적으로 아무런 문제될 것이 없습니다.

단 둘이서 대화하는 경우에도 상대방의 허락을 받아야 하고, 제3자도 함께 대화를 하는 경우라면 그 제3자의 허락을 모두 받아야 합니다.

녹음 한 그 대화의 내용은 정당한 목적에 사용하여야 하는 것입니다.

녹음을 한 그 자체가 허락을 받았다 하더라도 녹음을 하는 행동까지 당연히 합법이 될 수는 없습니다. 예컨대 대화의 녹음을 허락을 받았더라도 그 녹음을 어떤 상업적으로 이용하거나 성적 충동의 목적 등으로 이용하는 것은 대화 당사자의 허락의 범위를 벗어난 것이라면 상대방의 권리를 침해하는 불법행위가 될 수 있기 때문입니다.

동의나 허락 없이 몰래 한 그 녹음은 그 대화에 참여하였는지 참여한 사실이 없는지에 따라 불법 여부와 법적 책임이 달라집니다. 말하자면 자신이 대화에 참여하지 않은 그 타인 간의 대화는 대화자 전원에게 동의 없이 녹음한 자는 통신비밀보호법에 의한 무거운 형사처벌은 물론이고 민사상 손해배상의 책임을 부담합니다.

통신비밀보호법 제16조(벌칙) 제1항 제1호 제3조(통신 및 대화비밀의 보호)의 규정에 위반하여 우편물의 검열 또는 전기통신의 감청을 하거나 공개되지 아니한 타인 간의 대화를 녹음 또는 청취하거나, 제2호 제1호에 따라 알게 된 통신 또는 대화의 내용을 공개하거나 누설한 자는 1년 이상 10년 이하의 징역과 5년 이하의 자격정지에 처하므로 무거운 처벌을 받게 됩니다.

공개 되지 아니한 타인 간의 대화를 녹음 또는 청취하거나, 알게 된 통신 또는 대화의 내용을 공개하거나 누설한 자는 1년 이상 10년 이하의 징역과 5년 이하의 자격정지에 처하고 있으므로 통신비밀보호법을 위반하면 벌금형이 없고 1년 이상 10년 이하의 징역형에 처하도록 돼 있으므로 무거운 처벌을 받게 됩니다.

불법으로 타안 간의 대화를 몰래 녹음한 경우 그 녹음내용을 재판의 증거나 징계절차의 증거로 일체 사용할 수 없습니다.

대화에 참여한 대화라고 하더라도 대화 상대방의 동의 없이 대화내용을 녹음하는 것은 원칙적으로 불법이지만 예외적으로 가능한 것입니다. 많은 분들은 자신이 대화에 참여한 대회는 녹음해도 아무런 문제가 없다고 말하고 있습니다. 이것은 내가 어떤 녹음을 가지고 있는지 남들은 알기 어렵고 따라서 내가 그 녹음을 아무렇게나 외부에 막 공개하더라도 법적인 책임이 없다는 것은 아닙니다.

증거 수집을 목적으로 민사소송이나 형사소송과 관련한 유리한 내용을 녹음하였고, 그에 대한 민사소송이나 수사와 관련하여 이를 증거로 활용하는 등 비밀녹음의 그 목적이 정당한 경우에는 예외적으로 위법하지 않는 것으로 법원이 판단할 수 있는 것이지 무조건 본인이 참여한 대화는 녹음을 하여도 법적책임을 지지 않는다는 것은 절대 아닙니다.

타인 간의 대화는 무조건 몰래 녹음해서는 안 됩니다.

그렇게 불법으로 녹음한 내용은 어떤 증거로도 쓸 수 없고 위와 같은 강력한 처벌을 받게 됩니다. 통신비밀보호법은 처벌수위가 벌금형은 없고 실형을 선고받습니다. 민사상 손해배상의 책임도 함께 져야 합니다.

대화에 직접 참여한 내용을 녹음하더라도 증거수집 등 몰래 녹음을 할 수밖에 없었던 정당한 이유가 있으면 그 목적과 밀접한 내용만 녹음해야 합니다. 예를 들어 차용증을 받지 않고 돈을 빌려준 사실에 대하여 대여사실을 확인하는 내용 등은 예외적인 경우에 해당하므로 상관이 없지만 그렇지 않을 경우 대화 상대방이 음성권의 침해를 이유로 손해배상을 청구할 수도 있습니다.

통신비밀보호법 제3조 제1항은 누구든지 통신비밀보호법과 형사소송법 또는 군사법원법의 규정에 의하지 아니하고는 전기통신의 감청 또는 공개되지 아니한 타인간의 대화를 녹음 또는 청취하지 못한다고 규정하고, 제4조는 제3조의 규정에 위반하여 불법감청에 의해 지득 또는 채록된 전기통신의 내용은 재판 또는 징계절차에서 증거로 사용할 수 없다고 규정하고 있습니다.

여기서 '전기통신'이라 함은 전화·전자우편·모사전송 등과 같이 유선·무선· 광선 및 기타의 전자적 방식에 의하여 모든 종류의 음향·문언·부호 또는 영상을 송신하거나 수신하는 것을 말하고(제2조 제3호), '감청'이라 함은 전기통신에 대하여 당사자의 동의 없이 전자장치·기계장치 등을 사용하여 통신의 음향·문언·부호·영상을 청취·공독하여 그 내용을 지득 또는 채록하거나 전기통신의 송·수신을 방해하는 것을 말합니다(제2조 제7호).

이에 따르면 전기통신의 감청은 제3자가 전기통신의 당사자인 송신인과 수신인의 동의를 받지 아니하고 전기통신 내용을 녹음하는 등의 행위를 하는 것만을 말한다고 해석함이 타당하므로, 전기통신에 해당하는 전화통화 당사자의 일방이 상대방 모르게 통화 내용을 녹음하는 것은 여기의 감청에 해당하지 않습니다.

그러나 제3자의 경우는 설령 전화통화 당사자 일방의 동의를 받고 그 통화 내용을 녹음하였다 하더라도 그 상대방의 동의가 없었던 이상, 이는 여기의 감청에 해당하여 통신비밀보호법 제3조 제1항 위반이 됩니다.

이와 같이 제3조 제1항을 위반한 불법감청에 의하여 녹음된 전화통화의 내용은 제4조에 의하여 증거능력이 없습니다(대법원 2002. 10. 8. 선고 2002도 123 판결 등 참조).

예를 들어 ○○○와 소외인은 ○○○○. ○○. ○○.이후 부산시 ○○구 소재 같은 주소지에 전입 신고하였고, 수년간 사실혼관계를 유지하던 중 ○○○○. ○○. ○○.혼인신고를 마쳤습니다. ○○○은 소외인이 바이어로 활동하던 ○○구 소재 ○○시장에서 ○○○의 남편과 함께 ○○을 판매하는 도매상을 운영하고 있었습니다.

○○○가 제출한 녹취록은 제3자가 전화통화 당사자인 소외인과 ○○○의 동의를 받지 않은 채 통화내용을 녹음한 것으로 통신비밀보호법 제3조 제1항을 위반한 불법감청에 해당한다고 봄이 타당합니다.

따라서 이를 증거로 삼을 수 없습니다.

○○○은 ○○○○. ○○. ○○.부터 ○○○○. ○○. ○○.까지 사이 ○회에 걸쳐 소외인이 ○○○와 전화통화한 녹음파일의 녹취록을 증거로 제출하면서, 해당 녹음파일은 직접 통화한 당사자인 소외인이 녹음한 것이라고 주장하였으나, 전화통화를 녹음한 주체와 그 경위를 확인할 수 있는 아무런 자료를 제출하지 아니하였습니다.

위 녹취록의 대화내용을 보면, 소외인은 당시 자신의 휴대전화에 위치추적 애플리케이션이 설치된 것을 알고 휴대전화를 다른 곳에 둔 채 ○○○을 만나러 가겠다고 말하고, ○○○에게 애정을 표시하는 등의 내용이 확인됩니다.

이러한 점을 종합하면, 소외인은 자신의 휴대전화에 위치추적 애플리케이션이 설치된 것은 알았던 것으로 보이나, 그 통화내용이 자동으로 녹음되고 있다는 사실까지는 알지 못하였던 것으로 보입니다.

제3자인 ○○○가 전화통화 당사자인 소외인과 ○○○의 동의를 받지 않고 그 통화내용을 녹음한 것은 통신비밀보호법 제3조 제1항을 위반한 불법감청에 해당한다는 이유로 그 녹취록은 통신비밀보호법 제4조에 의하여 재판에서 증거로 사용할 수 없고, 달리 부정행위를 인정할 증거가 없다는 이유로 ○○○의 청구를 기각하였습니다.

타인간의 대화를 녹음하면 불법입니다.

스마트폰의 기술 발달로 인하여 애플리케이션을 통해 언제 어디서든 손쉽게 녹음을 할 수 있게 되었습니다. 중요한 통화를 하면서 급하게 메모를 해야 하는데 상황이라면 스마트폰에 내장되어 있는 통화 녹음 기능을 이용하여 메모를 대신할 수 있습니다.

일상생활을 하면서 필요한 상황에 따라 사용하는 경우가 있는 반면에 법적으로 이용하기 위해 타인의 대화 내용을 몰래 녹음하는 경우도 자주 있는 일입니다.

이를테면 남편이나 처가 불륜을 저지른 경우 서로 모르게 통화 내용을 녹음하는 방법은 인터넷 커뮤니티 카페에 올라오는 글들을 통해 종종 볼 수가 있는데 이것이 불법이고 통신비밀보호법에 의하여 무거운 처벌을 받는 사실조차 모르는 분들이 많습니다.

대화 내용을 녹음하는 건데 뭐가 문제인지 가볍게 생각하시는 분들도 있고, 허락도 받지 않고 남의 대화를 녹음하더라도 법적으로 문제가 되지 않을 것이라고 생각을 하시는 분들도 있습니다.

통신은 사람들끼리 주고받는 모든 의사 표현을 하는 행위를 말합니다. 이러한 통신에 포함되는 내용에는 의사를 전달할 수 있는 모든 언어와 문자, 그림이나 신호, 기호 등이 통신에 포함될 수 있습니다.

공개되지 않은 타인의 대화 내용 등을 허락이나 동의 없이 녹화, 녹음, 녹취, 청취할 수 없도록 규정하고 이를 위반할 시 처벌을 피할 수 없게 됩니다.

통신비밀보호법은 누구든지 공개되지 않은 자료가 불법행위를 통해 수집됐거나 또 다른 타인에게 누설할 경우 1년 이상 10년 이하의 징역형 또는 5년 이하의 자격정지에 처합니다.

우선 상대방의 동의를 얻지 않은 부당한 감시나 감청은 그 행위에 대해 권리가 없다는 것을 정확히 알아야 합니다.

어떤 분들은 다른 사람을 시켜서 하면 된다는 생각도 하시면 안 됩니다. 보통은 우리 주변에 있는 흥신소 같은 사설업체나 심부름센터 같은 용역업체를 이용해서 남몰래 녹음장치를 사용하였다가 통신비밀보호법의 교사죄로 형사처분을 받은 경우도 있습니다.

제3장. 통신비밀보호법 위반 실제 사례

1. 감청

통신비밀보호법 제2조 제3호 및 제7호에 의하면 같은 법상의 "감청"은 전자적 방식에 의하여 모든 종류의 음향 · 문언 · 부호 또는 영상을 송신하거나 수신하는 전기통신에 대하여 당사자의 동의 없이 전자장치 · 기계장치 등을 사용하여 통신의 음향 · 문언 · 부호 · 영상을 청취 · 공독하여 그 내용을 지득 또는 채록하거나 전기통신의 송·수신을 방해하는 것을 말하는 것입니다.

그런데 해당 규정의 문언이 송신하거나 수신하는 전기통신 행위를 감청의 대상으로 규정하고 있을 뿐 송·수신이 완료되어 보관 중인 전기통신 내용은 그 대상으로 규정하지 않은 점, 일반적으로 감청은 다른 사람의 대화나 통신 내용을 몰래 엿듣는 행위를 의미하는 점 등을 고려하여 보면, 통신비밀보호법 상의 "감청"이란 그 대상이 되는 전기통신의 송·수신과 동시에 이루어지는 경우만을 의미하고, 이미 수신이 완료된 전기통신의 내용을 지득하는 등의 행위는 포함되지 않습니다. (대법원 2012. 7. 26. 선고 2011도12407 판결 참조).

2. 대화

통신비밀보호법에서 보호하는 타인 간의 '대화'는 원칙적으로 현장에 있는 당사자들이 육성으로 말을 주고받는 의사소통행위를 가리킵니다. 따라서 사람의 육성이 아닌 사물에서 발생하는 음향은 타인 간의 '대화'에 해당하지 않습니다. 또한 사람의 목소리라고 하더라도 상대방에게 의사를 전달하는 말이 아닌 단순한 비명소리나 탄식 등은 타인과 의사소통을 하기 위한 것이 아니라면 특별한 사정이 없는 한 타인 간의 '대화'에 해당한다고 볼 수 없습니다.

우당탕 소리는 사물에서 발생하는 음향일 뿐 사람의 목소리가 아니므로 통신비밀보호 법에서 말하는 타인 간의 '대화'에 해당하지 않습니다.

'악' 소리도 사람의 목소리이기는 하나 단순한 비명소리에 지나지 않아 그것만으로 상대방에게 의사를 전달하는 말이라고 보기는 어려워 특별한 사정이 없는 한 타인 간의 '대화'에 해당한다고 볼 수 없습니다.

나아가 위와 같은 소리는 막연히 몸싸움이 있었다는 것 외에 사생활에 관한 다른 정보는 제공하지 않는 점, 소리를 들은 시간이 길지 않은 점, 소리를 듣게 된 동기와 상황, 피해자의 관계 등 기록에 나타난 여러 사정에 비추어 볼 때, 통신비밀보호법에서 보호하는 타인 간의 '대화'에 준하는 것으로 보지 않습니다.

3. 대화의 청취 관계

통신비밀보호법 제3조 제1항은 법률이 정하는 경우를 제외하고는 공개되지 아니한 타인 간의 대화를 녹음 또는 청취하지 못하도록 정하고 있고, 제16조 제1항은 제3조의 규정에 위반하여 공개되지 아니한 타인 간의 대화를 녹음 또는 는 청취한 자(제1호)와 제1호에 의하여 지득한 대화의 내용을 공개하거나 누설한 자(제2호)를 처벌하고 있습니다.

이와 같이 공개되지 아니한 타인 간의 대화를 녹음 또는 청취하지 못하도록 한 것은, 대화에 원래부터 참여하지 않는 제3자가 그 대화를 하는 타인들 간의 발언을 녹음 또는 청취해서는 아니 된다는 취지입니다.

따라서 3인 간의 대화에서 그중 한 사람이 그 대화를 녹음 또는 청취하는 경우에 다른 두 사람의 발언은 그 녹음 자 또는 청취자에 대한 관계에서 통신비밀보호법 제3조 제1항에서 정한 '타인 간의 대화'라고 할 수 없으므로, 이러한 녹음 또는 청취하는 행위 및 그 내용을 공개하거나 누설하는 행위가 통신비밀보호법 제16조 제1항에 해당한다고 볼 수 없습니다.

4. 통신사실확인자료

통신비밀보호법은 통신제한조치의 집행으로 인하여 취득된 전기통신의 내용은 통신제한조치의 목적이 된 범죄나 이와 관련되는 범죄를 수사·소추하거나 그 범죄를 예방하기 위한 경우 등에 한정하여 사용할 수 있도록 규정하고(제12조 제1호), 통신사실확인자료의 사용제한에 관하여 이 규정을 준용하도록 하고 있습니다(제13조의5).

따라서 통신사실확인자료 제공요청에 의하여 취득한 통화내역 등 통신사실확인자료를 범죄의 수사·소추를 위하여 사용하는 경우 대상 범죄는 통신사실확인자료 제공요청의 목적이 된 범죄 및 이와 관련된 범죄에 한정되어야 합니다. 여기서 통신사실확인자료 제공요청의 목적이 된 범죄와 관련된 범죄란 통신사실 확인자료제공요청 허가서에 기재한 혐의사실과 객관적 관련성이 있고 자료제공 요청대상자와 피의자 사이에 인적 관련성이 있는 범죄를 의미합니다.

그중 혐의사실과의 객관적 관련성은, 통신사실 확인자료 제공요청 허가서에 기재된 혐의사실 자체 또는 그와 기본적 사실관계가 동일한 범행과 직접 관련되어 있는 경우는 물론 범행 동기와 경위, 범행 수단 및 방법, 범행 시간과 장소 등을 증명하기 위한 간접증거나 정황증거 등으로 사용될 수 있는 경우에도 인정될 수 있습니다.

다만 통신비밀보호법이 통신사실확인자료의 사용 범위를 제한하고 있는 것은 특정한 혐의사실을 전제로 제공된 통신사실확인자료가 별건의 범죄사실을 수사하거나 소추하는 데 이용되는 것을 방지함으로써 통신의 비밀과 자유에 대한 제한을 최소화하는 데 입법 취지가 있습니다.

따라서 그 관련성은 통신사실 확인자료 제공요청 허가서에 기재된 혐의사실의 내용과 수사의 대상 및 수사 경위 등을 종합하여 구체적·개별적 연관관계가 있는 경우에만 인정되고, 혐의사실과 단순히 동종 또는 유사 범행이라는 사유만으로 관련성이 있는 것은 아닙니다.

그리고 피의자와 사이의 인적 관련성은 통신사실 확인자료 제공요청 허가서에 기재된 대상자의 공동정범이나 교사범 등 공범이나 간접정범은 물론 필요적 공범 등에 대한 피고사건에 대해서도 인정될 수 있습니다.

5. 감청 해당 여부

통신비밀보호법 제3조 제1항이 금지하고 있는 '전기통신의 감청'은 전기통신에 대하여 그 당사자인 송신인과 수신인이 아닌 제3자가 당사자의 동의를 받지 않고 전자장치 등을 이용하여 통신의 음향·문언·부호·영상을 청취·공독하여 그 내용을 지득 또는 채록하는 등의 행위를 하는 것을 의미하므로 전기통신에 해당하는 전화통화의 당사자 일방이 상대방과의 통화내용을 녹음하는 것은 위 법조에 정한 '감청' 자체에 해당하지 아니합니다.

6. 통신비밀보호법 위반 실제 사례 해설

(1) CCTV 도청마이크 설치

모 씨는 ○○○○. ○○. ○○.부터 피해자 운영의 유황오리식당 내부 천장에 감시용 CCTV 카메라 3대 및 계산대 위 천장 틈새에 도청마이크 2개를 은닉하여 설치하고 모 씨의 개인 사무실에 CCTV 녹화기 및 녹음기를 설치한 다음, ○○○○. ○○. ○○.부터 ○○○○. ○○. ○○.까지 위 식당 내에서 행하여지는 피해자의 대화를 위 마이크를 통하여 녹음을 시도하거나, 청취함으로써 공개되지 아니한 타인간의 대화를 녹음한 것은 통신비밀보호법 제3조 제1항은 법률이 정하는 경우를 제외하고는 공개되지 아니한 타인 간의 대화를 녹음 또는 청취하지 못하도록 정하고 있고, 제16조 제1항은 제3조의 규정에 위반하여 공개되지 아니한 타인 간의 대화를 녹음 또는 청취한 자(제1호)에 해당하여 처벌할 수 있습니다.

(2) 녹음테이프 증거의 효력

강 모씨가 상대방 사이의 대화 내용에 관한 녹취서가 공소사실의 증거로 제출되어 그 녹취서의 기재 내용과 녹음테이프의 녹음 내용이 동일한지 여부에 대하여 법원이 검증을 실시한 경우에, 증거자료가 되는 것은 녹음테이프에 녹음된 대화 내용 그 자체이고, 그 중 강 모씨의 진술 내용은 실질적으로 형사소송법 제311조, 제312조의 규정 이외에 강 모씨의 진술을 기재한 서류와 다름없어, 강 모씨의 그 녹음테이프를 증거로 할 수 있음에 동의하지 않은 이상 그 녹음테이프에 녹음된 강 모씨의 진술 내용을 증거로 사용하기 위해서는 형사소송법 제313조 제1항 단서에 따라 공판준비 또는 공판기일에서 그 작성자인 상대방의 진술에 의하여 녹음테이프에 녹음된 강 모씨의 진술 내용이 강 모씨의 진술한 대로 녹음된 것임이 증명되고 나아가 그 진술이 특히 신빙할 수 있는 상태 하에서 행하여진 것임이 인정되어야 합니다. 또한 대화 내용을 녹음한 파일 등의 전자매체는 그 성질상 작성자나 진술자의 서명 또는 날인이 없을 뿐만 아니라, 녹음자의 의도나 특정한 기술에 의하여 그 내용이 편집, 조작될 위험성이 있음을 고려하여, 그 대화 내용을 녹음한 원본이거나 원본으로부터 복사한 사본일 경우에는 복사과정에서 편집되는 등의 인위적 개작 없이 원본의 내용 그대로 복사된 사본임이 입증되어야 합니다.

(3) 증거능력 유무

통신비밀보호법은 누구든지 이 법과 형사소송법 또는 군사법원법의 규정에 의하지 아니하고는 우편물의 검열 또는 전기통신의 감청을 하거나 공개되지 아니한 타인간의 대화를 녹음 또는 청취하지 못하고(통신비밀보호법 제3조 본문), 이에 위반하여 불법검열에 의하여 취득한 우편물이나 그 내용 및 불법감청에 의하여 지득 또는 채록된 전기통신의 내용은 재판 또는 징계절차에서 증거로 사용할 수 없고(제4조), 누구든지 공개되지 아니한 타인간의 대화를 녹음하거나 전자장치 또는 기계적 수단을 이용하여 청취할 수 없고(제14조 제1항), 이에 의한 녹음 또는 청취에 관하여 위 제4조의 규정을 적용한다(제14조 제2항)고 각 규정하고 있는바, 원심의 녹음테이프 검증조서의 기재에 의하면 그 중 ○○○○. ○○. ○○. 피고소인 1과 ○○○간의 대화를 녹음한 부분은 공개되지 아니한 타인간의 대화를 녹음한 것이므로 위 법 제14조 제2항 및 제4조의 규정에 의하여 그 증거능력이 없고, ○○○○.부터 ○○○○. ○○. ○○.까지 사이의 피고소인들 간의 전화통화를 녹음한 부분은 피고소인 2의 동의 없이 불법 감청한 것이므로 위 법 제4조에 의하여 그 증거능력이 없습니다.

또한, 위 녹음테이프 검증조서의 기재에 의하면 그 중 ○○○○. ○○.부터 ○○○○. ○○. ○○,까지 사이에 고소인이 피고소인 1과의 대화를 녹음한 부분은 타인간의 대화를 녹음한 것이 아니므로 위 법 제14조의 적용을 받지는 않지만, 그 녹음테이프에 대하여 실시한 검증의 내용은 녹음테이프에 녹음된 대화의 내용이 검증조서에 첨부된 녹취서에 기재된 내용과 같다는 것에 불과하여 증거자료가 되는 것은 여전히 녹음테이프에 녹음된 대화의 내용이라 할 것인바, 그 중 위 피고소인의 진술내용은 실질적으로 형사소송법 제311조, 제312조 규정 이외에 위 피고소인의 진술을 기재한 서류와 다를 바 없으므로, 위 피고소인이 그 녹음테이프를 증거로 할 수 있음에 동의하지 않은 이상 그 녹음테이프 검증조서의 기재 중 위 피고소인의 진술내용을 증거로 사용하기 위해서는 형사소송법 제313조 제1항 단서에 따라 공판준비 또는 공판기일에서 그 작성자인 고소인의 진술에 의하여 녹음테이프에 녹음된 위 피고소인의 진술내용이 위 피고소인이 진술한 대로 녹음된 것이라는 점이 증명되고 그 진술이 특히, 신빙할 수 있는 상태 하에서 행하여진 것으로 인정되어야 할 것 임에도 위 녹음테이프의 녹음된 위 피고소인의 진술내용이 위 피고소인이 진술한 대로 녹음된 것이라는 점에 관한 고소인의 공판준비 또는 공판기일에서의 아무런 진술이 없으므로, 이 또한 그 증거능력이 없다 할 것입니다.

(4) 감청 해당 여부

통신비밀보호법 제2조 제7호는 "감청"이라 함은 전기통신에 대하여 당사자의 동의 없이 전자장치·기계장치 등을 사용하여 통신의 음향·문언·부호·영상을 청취·공독하여 그 내용을 지득 또는 채록하거나 전기통신의 송·수신을 방해하는 것을 말한다고 규정하고, 제3조 제1항은 누구든지 이 법과 형사소송법 또는 군사법원법의 규정에 의하지 아니하고는 전기통신의 감청을 하지 못한다고 규정하며, 나아가 제4조는 제3조의 규정에 위반하여, 불법감청에 의하여 지득 또는 채록된 전기통신의 내용은 재판 또는 징계절차에서 증거로 사용할 수 없다고 규정하고 있습니다. 이에 따르면 전기통신의 감청은 제3자가 전기통신의 당사자인 송신인과 수신인의 동의를 받지 아니하고 전기통신 내용을 녹음하는 등의 행위를 하는 것만을 말한다고 풀이함이 상당하다고 할 것이므로, 전기통신에 해당하는 전화통화 당사자의 일방이 상대방 모르게 통화 내용을 녹음하는 것은 여기의 감청에 해당하지 아니하지만, 제3자의 경우는 설령 전화통화 당사자 일방의 동의를 받고 그 통화 내용을 녹음하였다 하더라도 그 상대방의 동의가 없었던 이상, 이는 여기의 감청에 해당하여 법 제3조 제1항 위반이 되고 (대법원 2002. 10. 8. 선고 2002도123 판결 참조), 이와 같이 법 제3조 제1항에 위반한 불법감청에 의하여 녹음된 전화통화의 내용은 법 제4조에 의하여 증거능력이 없습니다(대법원 2001. 10. 9. 선고 2001도3106 판결 등 참조). 그리고 사생활 및 통신의 불가침을 국민의 기본권의 하나로 선언하고 있는 헌법규정과 통신비밀의 보호와 통신의 자유 신장을 목적으로 제정된 통신비밀보호법의 취지에 비추어 볼 때 피고인이나 변호인이 이를 증거로 함에 동의하였다고 하더라도 달리 볼 것은 아닙니다(대법원 2009. 12. 24. 선고 2009도11401 판결참조).

(5) 매장에 감시용 CCTV설치 죄책

어느 시골마을 모퉁이에 편의점을 운영하던 최 모씨는 아르바이트생들과 서로 교대하며 영업을 하고 있었습니다. 그러나 경기가 어려워짐에 따라 최 모씨의 사업도 날이 갈수록 어려워지고 있었고, 상품의 재고가 조금씩 차이가 나서 보안을 강화하기 위하여 창고에 1대 매장에 1대 아르바이트생들이 휴식을 취하는 곳에 1대씩 CCTV를 설치하였습니다. 최 모씨는 CCTV를 설치하면서 성능 좋은 CCTV를 찾다가, 잘 모르고 녹음의 기능까지 포함된 CCTV를 3대 구입하였습니다. 최 모씨는 아르바이트생들의 동의 없이 녹음을 하는 것이 위법행위인 줄은 몰랐지만 단순히 더욱 성능이 좋은 것으로 생각해 이러한 CCTV를 설치하게 되었습니다.

그러나 어느 날 아르바이트생들은 우연히 최 모씨의 대화를 듣고 최근 설치된 CCTV가 아르바이트생들이 휴식을 취하는 곳의 대화까지 녹음한다는 사실을 알게 되었고, 최 모씨를 통신비밀보호법으로 관할 경찰서에 신고하였습니다. 이에 최 모씨는 통신비밀보호법 위반 혐의로 경찰에서 조사를 받게 되었습니다.

최 모씨는 이 사건 당시 취약한 보안을 강화하기 위하여 CCTV를 설치하였고, 전혀 녹음기능이 설치되면 위법하다는 사실을 알지 못하여 실수로 이 사건 범행을 저지르게 되었다면서 혐의를 모두 인정하고 수사에 협조하였습니다. 하지만 사법경찰관은 그러한 최 모씨의 주장을 믿지 않았고, 최 모씨를 범죄혐의 인정하여 기소의견으로 검찰에 송치하자 검사는 최 모씨를 불구속 구공판으로 정식재판을 청구하였습니다.

위 최 모씨는 통신비밀보호법 제16조(벌칙) ①다음 각 호의 어느 하나에 해당하는 자는 1년 이상 10년 이하의 징역과 5년 이하의 자격정지에 처한다. 1. 제3조의 규정에 위반하여 우편물의 검열 또는 전기통신의 감청을 하거나 공개되지 아니한 타인간의 대화를 녹음 또는 청취한 자 제3조(통신 및 대화비밀의 보호) ①누구든지 이 법과 형사소송법 또는 군사법원법의 규정에 의하지 아니하고는 우편물의 검열·전기통신의 감청 또는 통신사실확인자료의 제공을 하거나 공개되지 아니한 타인간의 대화를 녹음 또는 청취하지 못한다. 를 위반한 것입니다.

(6) 불법감청의 성립여부

판례에 의하면 원심은, 피고인이 ○○○○. ○○. ○○. ○○:○○ ○○아파트 상가 내 피고인이 경영하는 세탁소에서 경쟁업체를 고발하는 데 사용할 목적으로 공소 외 ○○○으로 하여금 같은 상가 내 ○○○에게 전화를 걸어 "양복을 맞출 수 있느냐" 는 용건으로 통화하게 한 다음 그 내용을 녹음함으로써 공개되지 아니한 타인간의 대화를 녹음하였다는 이 사건 공소사실에 대하여, 개정 전의 통신비밀보호법 제3조에서 공개되지 아니한 타인간의 대화를 녹음하는 행위를 금지하는 이유는 대화 당사자 사이에 대화의 비밀성을 보장하는 것이고, 대화자 일방이 상대방과의 대화를 상대방의 승낙 없이 녹음하는 경우에는 위 조문의 구성요건에 해당하지 아니하는 점 등을 고려해보면 피고인이 일방 당사자의 동의를 받아 녹음한 이 사건 행위는 대화자 일방의 상대방 승낙 없는 녹음행위와 동일하다고 볼 것이라는 이유로 제1심이 선고한 무죄를 그대로 유지하였습니다.

대법원의 판단 통신비밀보호법에서는 그 규율의 대상을 통신과 대화로 분류하고 그 중 통신을 다시 우편물과 전기통신으로 나눈 다음, 법 제2조 제3호로 '전기통신' 이라 함은 유선·무선·광선 및 기타의 전자적 방식에 의하여 모든 종류의 음향 · 문언 · 부호 또는 영상을 송신하거나 수신하는 것을 말한다고 규정하고 있는바, 전화통화가 통신비밀보호법에서 규정하고 있는 전기통신에 해당함은 전화통화의 성질 및 위 규정 내용에 비추어 명백하므로 이를 통신비밀보호법 제3조 제1항 소정의 '타인간의 대화' 에 포함시킬 수는 없고, 나아가, 통신비밀보호법 제2조 제7호가 규정한 '전기통신의 감청' 은 그 전호의 '우편물의 검열' 규정과 아울러 고찰할 때 제3자가 전기통신의 당사자인 송신인과 수신인의 동의를 받지 아니하고 같은 호 소정의 각 행위를 하는 것만을 말한다고 풀이함이 상당하다고 할 것이므로, 전기통신에 해당하는 전화통화 당사자의 일방이 상대방 모르게 통화내용을 녹음(통신비밀보호법에는 '채록' 이라고 규정한다)하는 것은 여기의 감청에 해당하지 아니하지만(따라서 전화통화 당사자의 일방이 상대방 몰래 통화내용을 녹음하더라도, 대화 당사자 일방이 상대방 모르게 그 대화내용을 녹음한 경우와 마찬가지로 통신비밀 보호법 제3조 제1항 위반이 되지 아니한다), 제3자의 경우는 설령 전화통화 당사자 일방의 동의를 받고 그 통화내용을 녹음하였다 하더라도 그 상대방의 동의가 없었던 이상, 사생활 및 통신의 불가침을 국민의 기본권의 하나로 선언하고 있는 헌법규정과 통신비밀의 보호와 통신의 자유 신장을 목적으로 제정된 통신비밀보호법의 취지에 비추어 이는 통신비밀보호법 제3조 제1항 위반이 된다고 해석하여야 할 것이다(이 점은 제3자가 공개되지 아니한 타인간의 대화를 녹음한 경우에도 마찬가지이다).

이 사건에 관하여 보건대, 검사는 피고인에 대한 이 사건 공소사실을 적시함에 있어 피고인이 공소 외 ○○○을 시켜 ○○○과 통화하게 한 다음 그 내용을 녹음하였다고 하여 전화통화의 감청사실을 기재한 후 이를 공개되지 아니한 타인간의 대화를 녹음한 것이라고 하고 있기는 하나, 위 공소사실은 전체적으로 보아 피고인이 제3자로서 ○○○과 ○○○간의 전기통신에 해당하는 전화통화를 감청한 사실을 기소하고 있다고 보는 것이 타당할 것인바, 이러한 전화통화의 감청이 통신비밀보호법 제3조 제1항 위반으로 되지 않기 위하여는 앞서 본 바와 같이 원칙적으로 양 당사자 모두의 동의가 있어야 할 것이고, 단지 일방 당사자의 동의를 받은 것만으로는 불법감청이 아니라고 할 수 없을 것입니다.

그럼에도 불구하고, 원심이 이 사건 공소사실을 공개되지 아니한 타인간의 대화의 녹음으로 받아들이고 통화 당사자 중 일방의 동의를 받아 녹음하였다는 이유로 피고인에게 무죄를 선고한 제1심판결을 그대로 유지하였으니, 이는 공소사실을 오해하고 통신비밀보호법 제3조 제1항의 해석을 그르쳐 판결 결과에 영향을 미친 위법이 있다고 할 것이고, 이 점을 지적하는 취지의 상고이유의 주장은 이유 있다고 판단하였습니다.

(7) 차량에 녹음장치 설치

경상남도 마산에 사는 박 모씨는 늦은 시간에 남편에게 문자가 오는 등 남편의 외도를 알게 되었습니다. 분노한 박 모씨는 증거 수집을 위해 남편의 차량에 녹음장치를 설치하였습니다. 하지만 이러한 당사자들의 동의 없는 제3자의 녹음은 엄연히 불법행위였고, 통신비밀보호법 위반으로 기소의견으로 송치되어 검사가 불구속 구공판으로 정식재판을 청구하였고 박 모씨는 통신비밀보호법 위반으로 징역 6월에 1년간 집행유예처분을 받았습니다.

(8) 불륜행위 증거 대화녹음

강원도 춘천시에 사는 양 모 여성이 남편 최 모씨가 같은 직장에 다니는 장 모 여성과의 불륜관계를 증명하기 위하여 남편 최 모씨의 차량에 몰래 녹음기를 설치하여, 남편 최 모씨와 내연녀 장 모 여성의 불륜행위에 관한 대화를 녹음하였습니다.

이에 양 모 여성이 이혼을 청구하지 않고 장 모 여성의 불륜행위를 들어 위자료 청구소송을 제기하자 장 모 여성이 양 모 여성을 통신비밀보호법 제3조 제1항은 누구든지 통신비밀보호법과 형사소송법 또는 군사법원법의 규정에 따르지 아니하고는 우편물의 검열, 전기통신의 감청 또는 통신사실 확인자료의 제공을 하거나 공개되지 아니한 타인 간의 대화를 녹음 또는 청취하지 못하고, 제14조 제1항은 누구든지 공개되지 아니한 타인 간의 대화를 녹음하거나 전자 장비 또는 기계적 수단을 이용하여 청취할 수 없고, 제16조 제1항에서는 위 각 규정을 위반한 자에 대하여 10년 이하의 징역과 5년 이하의 자격정지에 처한다고 규정하고 있습니다. 고소되어 사법경찰관 은 양 모 여성의 통신비밀보호법 위반 범죄혐의 인정하고 기소의견으로 검찰에 송치하였고 양 모 여성은 집행유예를 선고받은 사실이 있습니다.

(9) 외도 사실 통화 녹음

전라남도 해남군에서 한정식당을 운영하는 모 여성은 남편의 외도 사실을 알고 증거를 수집하려고 ○○○○. ○○. ○○.경부터 한 달간 남편이 운행하는 차량과 휴대전화를 넣고 다니는 작은 가방 내부에 녹음기를 설치하여 내연녀 모 씨와 지인 다수와의 통화 내용을 녹음하거나 미수에 그쳤습니다.

이후 모 여성은 녹음 내용을 청취한 뒤 녹취록을 직접 작성하여 내연녀를 상대로 위자료 청구소송을 제기하고 불륜의 증거자료로 활용하였습니다. 이에 내연녀는 모 여성을 상대로 통신비밀보호법 제3조 제1항은 누구든지 통신비밀보호법과 형사소송법 또는 군사법원법의 규정에 따르지 아니하고 는 우편물의 검열, 전기통신의 감청 또는 통신사실확인자료의 제공을 하거 나 공개되지 아니한 타인 간의 대화를 녹음 또는 청취하지 못하고, 제14조 제1항은 누구든지 공개되지 아니한 타인 간의 대화를 녹음하거나 전자 장비 또는 기계적 수단을 이용하여 청취할 수 없고, 제16조 제1항에서는 위 각 규정을 위반한 자에 대하여 10년 이하의 징역과 5년 이하의 자격정지에 처한다고 규정하고 있습니다. 고소되어 사법경찰관은 양 모 여성의 통신비밀보호법 위반 범죄혐의 인정하고 기소의견으로 검찰에 송치하였고 양 모 여성은 집행유예를 선고받은 사실이 있습니다.

(10) 불륜정보 GPS 자료 위자료소송 제출

충남 서산에 있는 모 보건소에 근무하는 ○○○이 남편의 불륜을 확신하고 몰래 남편의 차에 i) 녹음기 ii) 동선을 파악하기 위한 GPS를 설치한 후 이혼소송에서 남편의 불륜증거로 차에서 나눈 남편과 상간녀 ○○○의 대화, GPS 자료에 바탕한 남편의 위치정보를 증거로 제출했습니다.

이혼소송은 이만하면 남편의 불륜증거는 충분하기 때문에 아내가 승소할 수 있겠습니다.

그러나 소송과정에서 남편은 아내가 제출한 증거에 관해 통신비밀보호법위반죄(타인간의 대화녹음)와 위치정보 보호에 관한 법률위반죄(GPS를 이용한 위치추적)로 아내를 고소할 수 있습니다.

아내의 입장에서 보면 이혼소송에서 이긴다고 하더라도 남편의 통신비밀보호법위반죄와 위치정보 보호에 관한 법률위반죄로 고소할 경우 생계를 유지할 수 있는 직장을 잃게 되면 이혼소송에서의 승소가 별 의미가 없습니다.

실제 흔히 있는 일이지만 억울하지만 이혼소송의 원고가 이혼 및 위자료청구소송을 아예 포기하고 오히려 피고에게 금전을 지급하는 조건으로 소송을 마무리한 경우가 자주 있는 일입니다.

요즈음 휴대폰마다 녹음기능이 있고 휴대폰의 종류에 따라 전화통화 자체를 녹음하는 기능이 있는 앱도 있으므로 타인의 대화를 녹음하는 행위가 삶에 미치는 영향을 아주 심각하게 받아들이지 않는 사람들이 적지 않습니다.

타인의 대화를 녹음하는 행위 자체가 범죄가 됨은 물론이거나 어떤 경우에는 행위자의 상황이나 직업에 따라 그 행위로 인한 여파가 결코 가볍지 않다는 점을 한 번 짚어 보시기 바랍니다.

(11) 차량에 녹음기장치 설치 청취

실제 있었던 판결에 의하면 통신비밀보호법위반 누구든지 공개되지 아니한 타인간의 대화를 녹음 또는 청취하여서는 아니 됨에도 불구하고 피고인들은 A에서 피해자 서○○, 김○○에게 출퇴근용으로 제공한 차량에 녹음기를 설치하여 피해자들과 다른 사람과의 대화내용을 녹음하여 청취하기로 공모하였습니다. 피고인 김○○은 ○○○○. ○○. ○○.경부터 10.경 사이 ○○시 ○○로 ○○에 있는 자신의 사무실에서 피고인 이○○에게 피해자들의 차 안에서 일어나는 대화내용을 녹음하라고 지시한 후 재정담당자인 김○○를 통하여 녹음기 구입비용을 지급하고, 그 즈음 위 김○○를 통하여 피해자들이 운행하는 차량의 보조키와 차량번호를 적은 메모를 피고인 이○○에게 건네주고, 피고인 이○○은 그 즈음 위 지시에 따라 녹음기를 구입하였습니다.

계속하여 피고인 이○○은 ○○○○. ○○. ○○.새벽 경 피해자 서○○이 거주하는 ○○시 ○○읍 ○○아파트의 지하주차장에서 피해자 서○○이 운행하던 K5 승용차에 녹음기를 설치하고, 같은 날 밤까지 서○○과 타인간의 대화를 녹음한 것을 비롯하여 위 일시 경부터 ○○○○. ○○. ○○.경까지 4회에 걸쳐 서○○, 김○○의 다른 사람과의 대화를 몰래 녹음한 후 위 녹음파일을 피고인 김○○에게 건네주고, 피고인들은 그 즈음 위 대화를 청취하였습니다.

이로써 피고인들은 공모하여 공개되지 아니한 타인간의 대화를 녹음하고, 청취하였습니다.

위치정보의 보호 및 이용 등에 관한 법률위반 피고인들은 위와 같이 피해자들의 행적을 조사하기 위하여 피해자들이 운행하던 차량에 위치추적기를 부착하여 위치정보를 수집하기로 공모하였습니다. 피고인 김○○은 ○○○○. ○○. ○○.피고인 이○○에게 피해자들이 운행하는 차량에 위치추적기를 부착하라고 지시하고, 위 회사 명의로 위치추적 이용서비스를 신청하도록 하고, 피고인 이○○은 그 즈음 위와 같이 구입한 위치추적기를 김○○로부터 건네받아 ○○○○. ○○. ○○. ○○:○○경 ○○시 ○○아파트 지하주차장에서 피해자 김○○이 운행하던 K5 승용차 트렁크 안쪽에 위와 같이 구입한 위치추적기를 부착하고, 계속하여 같은 날 새벽 경 ○○시 ○○읍 ○○아파트의 지하주차장에서 피해자 서○○이 운행하던 K5 승용차의 트렁크 안쪽에 위치추적기를 부착하는 방법으로 위 일시 경부터 ○○○○. ○○. ○○.경까지 피해자들의 위치정보를 수집하였습니다. 이로써 피고인들은 공모하여 개인위치정보주체인 피해자들의 동의를 얻지 아니하고 피해자들의 위치정보를 수집하였습니다.

피고인 김○○을 징역 10개월 및 자격정지 1년에, 피고인 이○○을 징역 8개월 및 자격정지 1년에 각 처한다. 다만, 이 판결 확정 일부터 피고인들에 대하여 각 2년간 위 각 징역형의 집행을 유예한다. 는 판결이 선고되었습니다.

스마트폰 자체에 해당 기능이 없어도 여러 방법을 고안해 통화 내용을 녹음하는 사례가 늘면서 통화 중 녹음의 합법성이 새로운 관심사가 되고 있습니다.

통신비밀보호법 제3조는 '공개되지 아니한 타인 간의 대화를 녹음 또는 청취하지 못한다'고 규정하고 있습니다. 같은 법 제16조는 이를 위반할 경우 1년 이상 10년 이하의 징역에 처한다고 규정하고 있습니다.

그러나 대화 당사자 간 통화할 경우 상대방 동의를 받지 않고 통화 내용을 녹음해도 불법은 아닙니다. 민·형사소송 모두에서 증거로 사용할 수 있습니다. 그러나 녹취가 당사자 간 통화 내용이라 하더라도 제3자에게 유출한 경우는 민사상의 책임을 질 수 있습니다.

대화에 참여하지 않은 제3자가 다른 사람들의 대화를 녹음하는 행위는 불법입니다. 불법 녹음이기 때문에 형사소송에서는 증거 능력을 인정받을 수 없지만, 민사소송에서는 증거로 인정될 수 있습니다.

판례를 살펴보면 A가 B와 통화를 하고 B가 전화를 끊길 기다리던 중 B가 실수로 전화를 끊지 않은 상태에서 C와 대화를 하자 A가 이 내용을 녹음한 사례가 있었습니다. 이에 대해 대법원은 A가 B·C의 대화에 참여하지 않은 제3자이므로 통신비밀보호법에 의해 처벌된다고 판단하고 있습니다.

평소 통화 중 녹음 기능을 자주 사용한다는 강원도 원주에 사는 이 모씨

(41세)는 "처음엔 메모하기 힘든 상황에서 해당 기능을 사용하기 시작했다"며 "요즘엔 타인이 말을 번복해 자신이 피해 보는 것을 막고자 녹음 기능을 이용하기도 한다"고 말했습니다. 전문가들은 해당 기능의 오·남용으로 피해를 볼 수 있다며 자신을 보호하는 차원에서만 사용하여야 현명한 방법입니다.

제4장. 통신비밀보호법 고소방법

1. 전송치주의

과거 전 송치주의에 의하여 통신비밀보호법 위반 고소장은 경찰서나 검찰청에 접수되면 대부분 경찰에서 수사하고 피의자에 대한 범죄혐의 유죄로 인정되면 기소의견으로 검찰에 송치하였습니다.

피의자에 대한 범죄혐의 인정되지 않는다고 판단하면 불기소의견으로 검찰로 송치하면 최종적으로 검사가 수사기록 등을 수사한 결과 피의자에 대한 범죄혐의 유죄로 인정되면 법원으로 기소(공소)하고, 피의자에 대한 범죄혐의 인정되지 않는다고 판단하면 불기소처분을 했습니다.

불기소처분에 불복이 있는 고소인은 불기소처분의 통지를 받은 날부터 30일 내에 불기소처분청을 경유하여 관할 고등검찰청에 항고할 수 있었습니다.

2. 1차적 수사권, 수사종결권

이제 는 2021. 01. 01.부터 검경수사권조정으로 통신비밀보호법 위반의 1차적 수사권, 수사종결권은 경찰에 있으므로 통신비밀보호법 위반 고소장은 피고소인의 주소지를 관할하는 경찰서에 접수하여야 합니다.

통신비밀보호법 고소장이 고소인의 주소지를 관할하는 경찰서에 접수되면 사법경찰관이 피고소인에게 3회 이상 출석을 요구하는 문자 등을 보내고 이에 불응하면 대개 통신비밀보호법 위반 고소사건은 피고소인의 주소지를 관할하는 경찰서로 인계하기 때문에 이렇게 되면 오고가는 시일이 상당히 더 오래 걸릴 수 있고 통신비밀보호법 위반 고소사건은 즉시 피고소인을 출석시켜 범행을 추궁하지 못하고 시일이 흐르면 피고소인이 자신을 상대로 통신비밀보호법 위반 고소장이 접수된 사실을 눈치 채고 증인을 매수하거나 증거를 조작할 수 있는 것이므로 이러한 폐단을 없애기 위해서는 통신비밀보호법 위반 고소장은 피고소인의 주소지 관할 경찰서에 접수하는 것이 고소인에게 훨씬 유리합니다.

피고소인의 인적사항을 알지 멋하는 경우 고소장에 알고 있는 휴대전화, 아이디 또는 닉네임이나 이메일 등을 기재하여 고소인의 주소지를 관할하는 경찰서에 고소장을 접수하면 사법경찰관이 압수수색 영장을 발부받아 피고소인의 소재를 추적 수사하여 수사가 이루어집니다.

경찰서에 통신비밀보호법 위반 고소장이 접수되면 사법경찰관이 수사한 결과 피의자에 대한 범죄혐의 인정된다고 판단하면 1차적 수사권에 의하여 기소의견으로 검찰에 송치하고 피의자에 대한 범죄혐의 인정되지 않는다고 판단하면 불송치(사법경찰관이 통신비밀보호법 위반 고소사건을 기소의견으로 검찰에 송치하지 아니하고 경찰에서 자체적으로 종결처리한다는 뜻입니다) 결정을 할 수 있습니다.

3. 불송치 결정 통지

사법 경찰관이 통신비밀보호법 위반 고소사건을 불송치 결정을 하는 때에는 7일 이내에 서면으로 고소인에게 통신비밀보호법 위반 고소사건을 1차적 수사권에 의하여 기소의견으로 검찰에 송치하지 아니하는 취지나 그 이유를 통지하여야 합니다.

4. 불송치 결정에 대한 이의신청

불송 치 결정을 통지받은 고소인은 그 사법경찰관 소속 관서의 장(경찰서장)에게 이의신청을 할 수 있습니다. 이의신청을 받은 사법경찰관은 지체 없이 고소인이 제출한 이의신청서와 사법경찰관이 통신비밀보호법 위반 고소사건에 대하여 지금까지 수사한 수사기록을 검사에게 송부하여야 합니다.

5. 검사의 보완수사 내지 재수사 결정

검사는 고소인이 제출한 고소장과 이의신청서를 면밀히 검토한 다음 사법경찰관이 통신비밀보호법 위반 고소사건에 대하여 지금까지 수사한 수사기록을 비교, 검토하여 사법경찰관이 한 수사기록에 의하여 미진한 부분이 있거나 특별히 기소를 위하여 보강할 수사가 있는 경우 다시 사법경찰관에게 보완수사를 하게하고 기소 여부를 결정하거나 사법경찰관이 작성한 수사기록에 의하여 기소의견으로 송치하여야 함에도 불송 치 결정을 한 것이 위법 또는 부당한 때에는 재수사를 요청할 수 있습니다.

6. 결론

통신비밀보호법 위반 고소장은 범죄혐의 인정될 수 있도록 작성하여야 합니다. 따라서 사법경찰관이 불송치 결정을 할 수 없을 정도로 고소장을 잘 작성하여야 하며 불송치 결정이 나왔다 하더라도 검사에게 이의신청서를 통하여 사법경찰관이 불송치 이유로 삼은 법적근거는 무슨 이유로 왜 잘못됐다는 것인지 자세하게 설명하고 이의신청이 받아들여지도록 잘 작성하여야 목적을 달성할 수 있습니다.

제5장. 통신비밀보호법 위반 실제 고소장

【고소장(1)】 공개되지 않은 타인간의 대화내용을 녹음 공개하여 처벌요구 고소장 최신서식

고　　　소　　　장

고　소　인 : ○　　　○　　　○

피　고　소　인 : ○　　　○　　　○

부산시 기장경찰서장 귀중

고   소   장

1. 고소인

성 명	○ ○ ○	주민등록번호	생략
주 소	부산시 기장군 ○○면 ○○로 ○○, ○○○-○○○호		
직 업	상업	사무실 주 소	생략
전 화	(휴대폰) 010 - 4512 - 0000		
대리인에 의한 고 소	☐ 법정대리인 (성명 : , 연락처) ☐ 고소대리인 (성명 : 변호사, 연락처)		

2. 피고소인

성 명	○ ○ ○	주민등록번호	무지
주 소	부산시 기장군 일광면 ○○대로 ○○, ○○○호		
직 업	어업	사무실 주 소	상동
전 화	(휴대폰) 010 - 9891 - 0000		
기타사항	고소인과의 관계 - 친·인척관계 없습니다.		

3. 고소취지

고소인은 피고소인에 관하여 다음과 같이 통신비밀보호법 제3조 제1항, 제16조 제1항 제1호 제2호 위반죄로 고소하오니 법에 준엄함을 깨달을 수 있도록 철저히 수사하여 엄벌에 처해 주시기 바랍니다.

4. 범죄사실

(1) 적용법조

○ 통신비밀보호법 제16조(벌칙) 제1항 다음 각 호의 1에 해당하는 자는 1년 이상 10년 이하의 징역과 5년 이하의 자격정지에 처한다.

제1호 제3조의 규정에 위반하여 우편물의 검열 또는 전기통신의 감청을 하거나 공개되지 아니한 타인간의 대화를 녹음 또는 청취한 자

제2호 제1호의 규정에 의하여 지득한 통신 또는 대화의 내용을 공개하거나 누설한 자

(2) 범죄사실

가. 고소인은 주소지에서 작은 마을이라는 상호로 인테리어공사 자재를 취급하는 개인 사업을 하고 있고 피고소인은 주소지에서 인테리어공사와 관련한 장판 등을 취급하는 개인 사업을 하고 있습니다.

나. 고소인과 피고소인은 서로 유사한 업종으로 비슷한 제품을 취급하는 관계로 경쟁관계에 있다 보니 고소인이 많은 공사를 하고 있다는데 시기하여 고소인과 고소인의 손님 간에 통화한 대화녹음을 자신의 휴대폰을 통하여 저장하였습니다.

다. 이러한 사실을 전혀 고소인은 모르고 있었는데 고소인과 통화한 손님께서 고소인과 손님하고 물품거래와 관련한 통화내용을 몰래 자신의 휴대전화로 녹음한 피고소인이 고소인의 손님에게 찾아가 녹음 내용을 들려주면서 자신은 그 금액 이하로 공사를 해주겠다고 한 사실을 알았습니다.

(3) 통신비밀보호법의 적용

가. 피고소인은 자신의 휴대전화를 통하여 고소인과 고소인의 손님 고소 외 ○○○간의 ○○○○. ○○. ○○. ○○:○○부터 ○○분까지의 영업상 오고간 대화내용을 녹음하여 통신비밀보호법 제16조(벌칙) 제1항 제1호 후단 공개되지 아니한 타인간의 대화를 녹음 또는 청취한 사실이 있습니다.

나. 피고소인은 위 녹음내용을 ○○○○. ○○. ○○. ○○:○○경 고소인의 손님 고소 외 ○○○의 남편 고소 외 ○○○에게 대화내용을 공개함으로써 통신비밀보호법 제16조(벌칙) 제1항 제2호 제1호의 규정에 의하여 지득한 통신 또는 대화의 내용을 공개하거나 누설한 한 사실이 있습니다.

(4) 결론

○ 이에 고소인은 피고소인을 통신비밀보호법 제3조 제1항 제16조 제1항 제1호(공개되지 아니한 타인간의 대화를 녹음하여 청취), 같은 제2호(제1호의 규정에 의하여 지득한 통신 또는 대화의 내용을 공개하거나 누설)에 의하여 고소하오니 철저히 수사하여 엄벌에 처하여 주시기 바랍니다.

5. 증거자료

□ 고소인은 고소인의 진술 외에 제출할 증거가 없습니다.

■ 고소인은 고소인의 진술 외에 제출할 증거가 있습니다.

    ☞ 제출할 증거의 세부내역은 별지를 작성하여 첨부합니다.

6. 관련사건의 수사 및 재판여부

① 중복 고소여부	본 고소장과 같은 내용의 고소장을 다른 검찰청 또는 경찰서에 제출하거나 제출하였던 사실이 있습니다 □ / 없습니다 ■
② 관련 형사사건 수사유무	본 고소장에 기재된 범죄사실과 관련된 사건 또는 공범에 대하여 검찰청이나 경찰서에서 수사 중에 있습니다 □ / 수사 중에 있지 않습니다 ■
③ 관련 민사소송 유무	본 고소장에 기재된 범죄사실과 관련된 사건에 대하여 법원에서 민사소송 중에 있습니다 □ / 민사소송 중에 있지 않습니다 ■

7. 기타

  본 고소장에 기재한 내용은 고소인이 알고 있는 지식과 경험을 바탕으로 모두 사실대로 작성하였으며, 만일 허위사실을 고소하였을 때에는 형법 제156조 무고죄로 처벌받을 것임을 아울러 서약합니다.

○○○○ 년 ○○ 월 ○○ 일

위 고소인 : ○ ○ ○   (인)

부산시 기장경찰서장 귀중

별지 : 증거자료 세부 목록

　　(범죄사실 입증을 위해 제출하려는 증거에 대하여 아래 각 증거별로 해당 난을 구체적으로 작성해 주시기 바랍니다)

1. 인적증거

성　명	○　○　○	주민등록번호	생략		
주　소	부산시 ○○구 ○○로 ○길 ○○, ○○○호			직업	상업
전　화	(휴대폰) 010 - 5543 - 0000				
입증하려는 내　용	위 ○○○은 피고소인이 녹음한 사실을 듣고 고소인에게 알려준 고소인의 손님 ○○○의 남편으로 자세히 알고 있으므로 이를 입증하고자 합니다.				

2. 증거서류

순번	증　거	작성자	제출 유무	
1	진술서	고소인	■ 접수시 제출	□ 수사 중 제출
2	사실확인서	고소인	■ 접수시 제출	□ 수사 중 제출
3			□ 접수시 제출	□ 수사 중 제출
4			□ 접수시 제출	□ 수사 중 제출
5			□ 접수시 제출	□ 수사 중 제출

3. 증거물

순번	증　거	소유자	제출 유무	
1	진술서	고소인	■ 접수시 제출	□ 수사 중 제출
2			□ 접수시 제출	□ 수사 중 제출
3			□ 접수시 제출	□ 수사 중 제출
4			□ 접수시 제출	□ 수사 중 제출
5			□ 접수시 제출	□ 수사 중 제출

4. 기타증거

　　추후 필요에 따라 제출하겠습니다.

【고소장(2)】 음식점 천장에 카메라설치 몰래 도청하여 처벌요구 고소장 최신서식

고　　　소　　　장

고　소　인 : ○　　　○　　　○

피　고　소　인 : ○　　　○　　　○

전주시 덕진경찰서장 귀중

고   소   장

1. 고소인

성 명	○ ○ ○	주민등록번호	생략
주 소	전주시 ○○구 ○○로 ○길 ○○, ○○○-○○○호		
직 업	회사원	사무실 주 소	생략
전 화	(휴대폰) 010 - 6780 - 0000		
대리인에 의한 고 소	☐ 법정대리인 (성명 : , 연락처) ☐ 소송대리인 (성명 : 변호사, 연락처)		

2. 피고소인

성 명	○ ○ ○	주민등록번호	무지
주 소	전주시 덕진구 ○○로○길 ○○, ○○○호		
직 업	상업	사무실 주 소	상동
전 화	(휴대폰) 010 - 1277 - 0000		
기타사항	고소인과의 관계 - 친·인척관계 없습니다.		

3. 고소취지

고소인은 피고소인에 관하여 다음과 같이 통신비밀보호법 제3조 제1항 위반죄로 고소하오니 법에 준엄함을 깨달을 수 있도록 철저히 수사하여 엄벌에 처해 주시기 바랍니다.

4. 범죄사실

(1) 피고소인은 전라북도 전주시 ○○로○○길 ○○,에서 전주 ○○음식점이라는 상호로 식당을 운영하고 있습니다.

(2) 피고소인은 ○○○○. ○○. ○○. 자신이 운영하는 위 식당의 내부 천장에 감시용 CCTV카메라 4대 및 계산대 위 천장 틈새를 이용하여 도청마이크 2개를 은닉하여 설치하였습니다.

(3) 그리고 고소인이 여자친구들과 ○○○○. ○○. ○○. ○○:○○부터 위 식당 내에서 행하여지는 고소인 ○○○ 및 같은 여자친구로 동석한 ○○○, ○○○의 대화에 관하여 위 마이크를 통해 이를 녹음하고 청취하였습니다.

(4) 이에 고소인은 피고소인을 통신비밀보호법 제3조 제1항(공개되지 아니한 타인간의 대화를 녹음하여 청취)에 의하여 고소하오니 철저히 수사하여 엄벌에 처하여 주시기 바랍니다.

5. 증거자료

　□ 고소인은 고소인의 진술 외에 제출할 증거가 없습니다.

　■ 고소인은 고소인의 진술 외에 제출할 증거가 있습니다.

　　☞ 제출할 증거의 세부내역은 별지를 작성하여 첨부합니다.

6. 관련사건의 수사 및 재판여부

① 중복 고소여부	본 고소장과 같은 내용의 고소장을 다른 검찰청 또는 경찰서에 제출하거나 제출하였던 사실이 있습니다 □ / 없습니다 ■
② 관련 형사사건 수사유무	본 고소장에 기재된 범죄사실과 관련된 사건 또는 공범에 대하여 검찰청이나 경찰서에서 수사 중에 있습니다 □ / 수사 중에 있지 않습니다 ■
③ 관련 민사소송 유무	본 고소장에 기재된 범죄사실과 관련된 사건에 대하여 법원에서 민사소송 중에 있습니다 □ / 민사소송 중에 있지 않습니다 ■

7. 기타

　본 고소장에 기재한 내용은 고소인이 알고 있는 지식과 경험을 바탕으로 모두 사실대로 작성하였으며, 만일 허위사실을 고소하였을 때에는 형법 제156조 무고죄로 처벌받을 것임을 아울러 서약합니다.

　　　　　○○○○ 년 ○○ 월 ○○ 일

　　　　　　　위 고소인 : ○　○　○　　　(인)

전주시 덕진경찰서장 귀중

별지 : 증거자료 세부 목록

　　　(범죄사실 입증을 위해 제출하려는 증거에 대하여 아래 각 증거별로 해당 난을 구체적으로 작성해 주시기 바랍니다)

1. 인적증거

성　명	○○○	주민등록번호	생략	
주　소	전주시 ○○구 ○○로 ○길 ○○, ○○○호		직업	상업
전　화	(휴대폰) 010 - 7123 - 0000			
입증하려는 내　용	위 ○○○은 고소인과 같이 피고소인 식당에서 직접 목격하여 이를 입증하고자 합니다.			

2. 증거서류

순번	증　거	작성자	제출 유무
1	사진	고소인	■ 접수시 제출　□ 수사 중 제출
2	진술서	고소인	■ 접수시 제출　□ 수사 중 제출
3			□ 접수시 제출　□ 수사 중 제출
4			□ 접수시 제출　□ 수사 중 제출
5			□ 접수시 제출　□ 수사 중 제출

3. 증거물

순번	증　거	소유자	제출 유무
1	사진	고소인	■ 접수시 제출　□ 수사 중 제출
2			□ 접수시 제출　□ 수사 중 제출
3			□ 접수시 제출　□ 수사 중 제출
4			□ 접수시 제출　□ 수사 중 제출
5			□ 접수시 제출　□ 수사 중 제출

4. 기타증거

　　　추후 필요에 따라 제출하겠습니다.

【고소장(3)】 차량에 녹음장치를 설치해 대화를 몰래 녹음 처벌 요구하는
고소장 최신서식

고　　　　소　　　　장

고　소　인 :　○　　　○　　　○

피고소인 :　○　　　○　　　○

광주광역시 ○○경찰서장 귀중

고 소 장

1. 고소인

성 명	○ ○ ○	주민등록번호	생략
주 소	광주시 ○○구 ○○로 ○길 ○○, ○○○-○○○호		
직 업	회사원	사무실 주 소	생략
전 화	(휴대폰) 010 - 7743 - 0000		
대리인에 의한 고 소	□ 법정대리인 (성명 : , 연락처) □ 소송대리인 (성명 : 변호사, 연락처)		

2. 피고소인

성 명	○ ○ ○	주민등록번호	무지
주 소	광주시 ○○구 ○○로○길 ○○, ○○○호		
직 업	상업	사무실 주 소	상동
전 화	(휴대폰) 010 - 7723 - 0000		
기타사항	고소인과의 관계 - 친·인척관계 없습니다.		

3. 고소취지

고소인은 피고소인에 관하여 다음과 같이 통신비밀보호법 제3조 제1항 위반죄로 고소하오니 법에 준엄함을 깨달을 수 있도록 철저히 수사하여 엄벌에 처해주시기 바랍니다.

4. 범죄사실

(1) 적용 법조

○ 통신비밀보호법 제3조 제1항

누구든지 이 법과 형사소송법 또는 군사법원법의 규정에 의하지 아니하고는 우편물의 검열·전기통신의 감청 또는 통신사실확인자료의 제공을 하거나 공개되지 아니한 타인간의 대화를 녹음 또는 청취하지 못한다.

○ 통신비밀보호법 제14조 제1항

누구든지 공개되지 아니한 타인간의 대화를 녹음하거나 전자장치 또는 기계적 수단을 이용하여 청취할 수 없다.

○ 통신비밀보호법 제16조(벌칙) 제1호

다음 각 호의 어느 하나에 해당하는 자는 1년 이상 10년 이하의 징역과 5년 이하의 자격정지에 처한다.

1. 제3조의 규정에 위반하여 우편물의 검열 또는 전기통신의 감청을 하거나 공개되지 아니한 타인간의 대화를 녹음 또는 청취한 자

(2) 고소사실

(가) 피고소인은 고소인이 부정행위를 한다고 의심하게 되어 고소인이 타고 다니는 차량에 녹음장치를 부착한 후, ○○○○. ○○. ○○. 위 차량 안에서 고소인이 고소 외 ○○○에게'자기'라고 지칭하면서"고소 외 ○○

○은 고소인에게 사랑하기 때문에 잔 것이고, 우리가 단지 섹스만 하는 애인 사이는 아니라고 생각했는데 고소인이 잔 적이 있다는 말을 하지 않고 속인 점이 괘씸하다"는 취지의 대화내용과 ○○○○. ○○. ○○.차량 안에서 두 사람이 성행위를 한 것에 대하여 대화하는 내용을 각 녹음하였습니다.

(나) 피고소인은 ○○○○. ○○. ○○.녹음장치를 고소인의 차에 몰래 설치한 후 고소인과 고소 외 ○○○의 공개되지 아니한 ○○○○. ○○. ○○. 및 ○○○○. ○○. ○○. 각 대화내용을 녹음하였는데, 이는 통신비밀보호법을 위반한 위법행위입니다.

(다) ○○○○. ○○. ○○. 고소인의 집으로 찾아와 고소 외 ○○○의 관계를 추궁하고, 그 무렵 고소 외 ○○○의 남편에게 연락하여 만남을 요구한 것은 통신비밀보호법 제3조 제1항은 누구든지 이 법과 형사소송법 또는 군사법원법의 규정에 따르지 아니하고는 우편물의 검열, 전기통신의 감청 또는 통신사실확인자료의 제공을 하거나 공개되지 아니한 타인 간의 대화를 녹음 또는 청취하지 못합니다.

(라) 통신비밀보호법 제14조 제1항은 누구든지 공개되지 아니한 타인 간의 대화를 녹음하거나 전자 장비 또는 기계적 수단을 이용하여 청취할 수 없고, 제16조 제1항에서는 위 각 규정을 위반한 자에 대하여 10년 이하의 징역과 5년 이하의 자격정지에 처한다고 규정하고 있습니다.

그런데 피고소인은 고소인과 고소 외 ○○○의 부정행위에 대한 증거를 수집한다는 목적으로 2회에 걸쳐 고소인과 고소 외 ○○○ 사이의 공개되지 않는 대화내용을 녹음하여 위와 같은 통신비밀보호법을 위반하였습니다.

(3) 결론

이에 고소인은 피고소인을 통신비밀보호법 제3조 제1항(공개되지 아니한 타인간의 대화를 녹음하여 청취), 제14조 제1항, 제16조(벌칙) 제1호에 의하여 고소하오니 피고소인을 철저히 수사하여 법에 준엄함을 깨달을 수 있도록 엄벌에 처하여 주시기 바랍니다.

5. 증거자료

□ 고소인은 고소인의 진술 외에 제출할 증거가 없습니다.

■ 고소인은 고소인의 진술 외에 제출할 증거가 있습니다.

☞ 제출할 증거의 세부내역은 별지를 작성하여 첨부합니다.

6. 관련사건의 수사 및 재판여부

① 중복 고소여부	본 고소장과 같은 내용의 고소장을 다른 검찰청 또는 경찰서에 제출하거나 제출하였던 사실이 있습니다 □ / 없습니다 ■
② 관련 형사사건 수사유무	본 고소장에 기재된 범죄사실과 관련된 사건 또는 공범에 대하여 검찰청이나 경찰서에서 수사 중에 있습니다 □ / 수사 중에 있지 않습니다 ■
③ 관련 민사소송 유무	본 고소장에 기재된 범죄사실과 관련된 사건에 대하여 법원에서 민사소송 중에 있습니다 □ / 민사소송 중에 있지 않습니다 ■

7. 기타

본 고소장에 기재한 내용은 고소인이 알고 있는 지식과 경험을 바탕으로 모두 사실대로 작성하였으며, 만일 허위사실을 고소하였을 때에는 형법 제156조 무고죄로 처벌받을 것임을 아울러 서약합니다.

○○○○ 년 ○○ 월 ○○ 일

위 고소인 : ○ ○ ○   (인)

광주광역시 ○○경찰서장 귀중

별지 : 증거자료 세부 목록

　　　(범죄사실 입증을 위해 제출하려는 증거에 대하여 아래 각 증거별로 해당 난을 구체적으로 작성해 주시기 바랍니다)

1. 인적증거

성 명	○ ○ ○	주민등록번호		생 략	
주 소	광주시 ○○구 ○○로 ○길 ○○, ○○○호		직업	상업	
전 화	(휴대폰) 010 - 8123 - 0000				
입증하려는 내 용	위 ○○○은 고소인과 같이 피고소인이 제기한 위자료청구소송에 불륜증거로 제출한 사실을 입증하고자 합니다.				

2. 증거서류

순번	증 거	작성자	제출 유무
1	증거자료 제출서	고소인	■ 접수시 제출　□ 수사 중 제출
2	진술서	고소인	■ 접수시 제출　□ 수사 중 제출
3			□ 접수시 제출　□ 수사 중 제출
4			□ 접수시 제출　□ 수사 중 제출
5			□ 접수시 제출　□ 수사 중 제출

3. 증거물

순번	증 거	소유자	제출 유무
1	증거자료 제출서	고소인	■ 접수시 제출　□ 수사 중 제출
2			□ 접수시 제출　□ 수사 중 제출
3			□ 접수시 제출　□ 수사 중 제출
4			□ 접수시 제출　□ 수사 중 제출
5			□ 접수시 제출　□ 수사 중 제출

4. 기타증거

　　　추후 필요에 따라 제출하겠습니다.

【고소장(4)】 타인간의 대화 녹음 카카오톡으로 제3자에게 누설 고소장 최신
서식

고　　　소　　　장

고　소　인 : ○　　　○　　　○

피고소인 : ○　　　○　　　○

강원도 횡성경찰서장 귀중

고 소 장

1. 고소인

성 명	○ ○ ○	주민등록번호	생략
주 소	강원도 횡성군 ○○로 ○○, ○○○-○○○호		
직 업	회사원	사무실 주 소	생략
전 화	(휴대폰) 010 - 7743 - 0000		
대리인에 의한 고 소	☐ 법정대리인 (성명 : , 연락처) ☐ 소송대리인 (성명 : 변호사, 연락처)		

2. 피고소인

성 명	○ ○ ○	주민등록번호	무지
주 소	무지		
직 업	상업	사무실 주 소	상동
전 화	(휴대폰) 010 - 7723 - 0000		
기타사항	고소인과의 관계 - 친·인척관계 없습니다.		

3. 고소취지

고소인은 피고소인에 관하여 다음과 같이 통신비밀보호법 제3조 제1항 위반죄로 고소하오니 법에 준엄함을 깨달을 수 있도록 철저히 수사하여 엄벌에 처해 주시기 바랍니다.

4. 범죄사실

(1) 적용 법조

○ 통신비밀보호법 제3조 제1항

누구든지 이 법과 형사소송법 또는 군사법원법의 규정에 의하지 아니하고는 우편물의 검열·전기통신의 감청 또는 통신사실확인자료의 제공을 하거나 공개되지 아니한 타인간의 대화를 녹음 또는 청취하지 못한다.

○ 통신비밀보호법 제14조 제1항

누구든지 공개되지 아니한 타인간의 대화를 녹음하거나 전자장치 또는 기계적 수단을 이용하여 청취할 수 없다.

○ 통신비밀보호법 제16조(벌칙) 제1호

다음 각 호의 어느 하나에 해당하는 자는 1년 이상 10년 이하의 징역과 5년 이하의 자격정지에 처한다.

1. 제3조의 규정에 위반하여 우편물의 검열 또는 전기통신의 감청을 하거나 공개되지 아니한 타인간의 대화를 녹음 또는 청취한 자.

2. 제1호에 따라 알게 된 통신 또는 대화의 내용을 공개하거나 누설한 자.

(2) 고소사실

(가) 피고소인은 ○○○○. ○○. ○○. 강원도 횡성에 있는 전원주택을 건설하여 분양하는 ○○건설사무실에서 직원 고소 외 ○○○, 고소 외 ○○○

고소 외 ○○○이 게임을 진행하면서 한 대화 내용을 휴대전화로 몰래 녹음하여 ○○건설의 대표이사 ○○○에게 카카오톡으로 전송하였습니다.

(나) 이로써 피고소인은 공개되지 않은 타인 간의 대화를 녹음하고, 위와 같은 방법으로 알게 된 대화의 내용을 누설하였습니다.

(다) 통신비밀보호법상 공개되지 않은 타인 간의 대화에 관한 법리

통신비밀보호법은 공개되지 않은 타인 간의 대화에 관하여 다음과 같이 정하고 있습니다. 누구든지 이 법과 형사소송법 또는 군사법원법의 규정에 의하지 않고는 공개되지 않은 타인 간의 대화를 녹음하거나 청취하지 못하고(제3조 제1항), 위와 같이 금지하는 청취행위는 전자장치 또는 기계적 수단을 이용한 경우로 제한됩니다(제14조 제1항). 그리고 제3조의 규정을 위반하여 공개되지 않은 타인 간의 대화를 녹음 또는 청취한 자(제1호)와 제1호에 의하여 지득한 대화의 내용을 공개하거나 누설한 자(제2호는 제16조 제1항에 따라 처벌받도록 규정하고 있습니다.

위와 같은 통신비밀보호법의 내용과 형식, 통신비밀보호법이 공개되지 않은 타인 간의 대화에 관한 녹음 또는 청취에 대하여 제3조 제1항에서 일반적으로 이를 금지하고 있는데도 제14조 제1항에서 구체화하여 금지되는 행위를 제한하고 있는 입법 취지와 체계 등에 비추어 보면, 통신비밀보호법 제14조 제1항의 금지를 위반하는 행위는 통신비밀보호법과 형사소송법 또는 군사법원법의 규정에 따른 것이라는 등의 특별한 사정이 없는 한, 제3조 제1항 위반행위에 해당하여 제16조 제1항 제1호의 처벌 대상이 된다고 해석해야 합니다.

통신비밀보호법 제3조 제1항이 공개되지 않은 타인 간의 대화를 녹음 또는 청취하지 못하도록 한 것은, 대화에 원래부터 참여하지 않는 제3자가 대화를 하는 타인 간의 발언을 녹음하거나 청취해서는 안 된다는 취지입니다 (대법원 2006. 10. 12. 선고 2006도4981 판결, 대법원 2014. 5. 16. 선고 2013도16404 판결 등 참조).

따라서 대화에 원래부터 참여하지 않는 제3자가 일반 공중이 알 수 있도록 공개되지 않은 타인 간의 발언을 녹음하거나 전자장치 또는 기계적 수단을 이용하여 청취하는 것은 특별한 사정이 없는 한제3조 제1항

에 위반됩니다(대법원 2016. 5. 12. 선고 2013도15616 판결). '공개되지 않았다.' 는 것은 반드시 비밀과 동일한 의미는 아니고, 구체적으로 공개된 것인지는 발언자의 의사와 기대, 대화의 내용과 목적, 상대방의 수, 장소의 성격과 규모, 출입의 통제 정도, 청중의 자격 제한 등 객관적인 상황을 종합적으로 고려하여 판단해야 한다고 판시하고 있으므로 피고소인은 통신비밀보호법을 위반하였습니다.

(3) 결론

이에 고소인은 피고소인을 통신비밀보호법 제3조 제1항(공개되지 아니한 타인간의 대화를 녹음하여 청취), 제14조 제1항, 제16조(벌칙) 제1호, 제2호에 의하여 고소하오니 피고소인을 철저히 수사하여 법에 준엄함을 깨달을 수 있도록 엄벌에 처하여 주시기 바랍니다.

5. 증거자료

□ 고소인은 고소인의 진술 외에 제출할 증거가 없습니다.

■ 고소인은 고소인의 진술 외에 제출할 증거가 있습니다.

    ☞ 제출할 증거의 세부내역은 별지를 작성하여 첨부합니다.

6. 관련사건의 수사 및 재판여부

① 중복 고소여부	본 고소장과 같은 내용의 고소장을 다른 검찰청 또는 경찰서에 제출하거나 제출하였던 사실이 있습니다 □ / 없습니다 ■
② 관련 형사사건 수사유무	본 고소장에 기재된 범죄사실과 관련된 사건 또는 공범에 대하여 검찰청이나 경찰서에서 수사 중에 있습니다 □ / 수사 중에 있지 않습니다 ■
③ 관련 민사소송 유무	본 고소장에 기재된 범죄사실과 관련된 사건에 대하여 법원에서 민사소송 중에 있습니다 □ / 민사소송 중에 있지 않습니다 ■

7. 기타

본 고소장에 기재한 내용은 고소인이 알고 있는 지식과 경험을 바탕으로 모두 사실대로 작성하였으며, 만일 허위사실을 고소하였을 때에는 형법 제156조 무고죄로 처벌받을 것임을 아울러 서약합니다.

○○○○ 년 ○○ 월 ○○ 일

위 고소인 : ○   ○   ○　　　(인)

강원도 횡성경찰서장 귀중

별지 : 증거자료 세부 목록

　　(범죄사실 입증을 위해 제출하려는 증거에 대하여 아래 각 증거별로 해당 난을 구체적으로 작성해 주시기 바랍니다)

1. 인적증거

성　명	○ ○ ○	주민등록번호	생략		
주　소	서울시 ○○구 ○○로 ○길 ○○, ○○○호			직업	회사원
전　화	(휴대폰) 010 - 2678 - 0000				
입증하려는 내　용	위 ○○○은 피고소인이 ○○건설 대표이사에게 카카오톡으로 녹음 내용을 전송한 사실을 입증하고자 합니다.				

2. 증거서류

순번	증　거	작성자	제출 유무	
1	카카오톡 전송기록	고소인	■ 접수시 제출	□ 수사 중 제출
2	진술서	고소인	■ 접수시 제출	□ 수사 중 제출
3			□ 접수시 제출	□ 수사 중 제출
4			□ 접수시 제출	□ 수사 중 제출
5			□ 접수시 제출	□ 수사 중 제출

3. 증거물

순번	증　거	소유자	제출 유무	
1	전송기록	고소인	■ 접수시 제출	□ 수사 중 제출
2			□ 접수시 제출	□ 수사 중 제출
3			□ 접수시 제출	□ 수사 중 제출
4			□ 접수시 제출	□ 수사 중 제출
5			□ 접수시 제출	□ 수사 중 제출

4. 기타증거

　　추후 필요에 따라 제출하겠습니다.

【고소장(5)】 타인간의 통화를 몰래 녹음하여 청취 처벌요구하는 고소장 최신서식

고   소   장

고 소 인 : ○   ○   ○

피 고 소 인 : ○   ○   ○

경상남도 밀양경찰서장 귀중

고 　 소 　 장

1. 고소인

성　명	○ ○ ○	주민등록번호	생략
주　소	경상남도 밀양시 ○○로 ○○, ○○○-○○○호		
직　업	상업	사무실 주　소	생략
전　화	(휴대폰) 010 - 7743 - 0000		
대리인에 의한 고　소	□ 법정대리인 (성명 :　　　, 　연락처　　　　) □ 소송대리인 (성명 : 변호사,　연락처　　　　)		

2. 피고소인

성　명	○ ○ ○	주민등록번호	무지
주　소	무지		
직　업	상업	사무실 주　소	상동
전　화	(휴대폰) 010 - 7723 - 0000		
기타사항	고소인과의 관계 - 친·인척관계 없습니다.		

3. 고소취지

  고소인은 피고소인에 관하여 다음과 같이 통신비밀보호법 제3조 제1항 위반죄로 고소하오니 법에 준엄함을 깨달을 수 있도록 철저히 수사하여 엄벌에 처해주시기 바랍니다.

4. 범죄사실

(1) 적용 법조

  ○ 통신비밀보호법 제3조 제1항

  누구든지 이 법과 형사소송법 또는 군사법원법의 규정에 의하지 아니하고는 우편물의 검열·전기통신의 감청 또는 통신사실확인자료의 제공을 하거나 공개되지 아니한 타인간의 대화를 녹음 또는 청취하지 못한다.

  ○ 통신비밀보호법 제14조 제1항

  누구든지 공개되지 아니한 타인간의 대화를 녹음하거나 전자장치 또는 기계적 수단을 이용하여 청취할 수 없다.

  ○ 통신비밀보호법 제16조(벌칙) 제1호

  다음 각 호의 어느 하나에 해당하는 자는 1년 이상 10년 이하의 징역과 5년 이하의 자격정지에 처한다.

  1. 제3조의 규정에 위반하여 우편물의 검열 또는 전기통신의 감청을 하거나 공개되지 아니한 타인간의 대화를 녹음 또는 청취한 자.

  2, 제1호에 따라 알게 된 통신 또는 대화의 내용을 공개하거나 누설한 자.

(2) 고소사실

  (가) 피고소인은 경상남도 밀양시 소재 주택건설업체인 ○○건설 주식회사의 운영자이고, 고소인은 위 회사가 시행하는 경상남도 밀양시 ○○로 토지지상 '○○아파트' 신축공사 현장의 관리소장으로 근무하던 사람입니다.

(나) 피고소인은 고소인이 현장소장으로 근무하면서 시공업체들과 결탁하여 공사비를 높게 책정해 피고소인에게 손해를 끼친다고 의심하여 고소인의 휴대전화 통화를 몰래 녹음하기로 마음먹었습니다.

(다) 누구든지 통신비밀보호법과 형사소송법 또는 군사법원법의 규정에 의하지 아니하고는 공개되지 아니한 타인간의 대화를 녹음 또는 청취하여서는 아니 됩니다.

(라) 그럼에도 불구하고, 피고소인은 ○○○○. ○○. ○○. ○○:○○경 경상남도 밀양시 ○○로 건설현장 인근에 있는 '○○' 식당에서, 고소인에게 "최신 휴대전화를 구매한 것 같은데, 휴대전화를 잠깐 구경해도 되겠느냐"고 거짓말을 하여 고소인의 갤럭시 노트9 휴대전화(모델명 : SM-N960N)를 건네받은 다음, 즉석에서 구글 플레이스토어에 '원격 통화녹음 어플'을 검색해 원격 통화녹음 및 녹음파일 전송 기능이 있는 'pcphone 자녀용' 어플을 다운로드 받아 고소인의 휴대전화에 설치하고, 그 무렵 불상지에서 피고소인의 휴대전화에 'pcphone 부모용' 어플을 설치하였습니다.

(마) 이후 피고소인은 위와 같이 고소인의 휴대전화에 설치한 어플을 통하여 ○○○○. ○○. ○○. ○○:○○경 고소인과 고소 외 ○○○의 통화 내용을 녹음하고, 녹음파일을 자신의 휴대전화로 전송받아 청취한 것을 비롯하여, 그 무렵부터 ○○○○. ○○. ○○. ○○:○○까지 같은 방법으로 총 5회에 걸쳐 고소인과 고소 외 ○○○. ○○○과의 휴대전화 통화를 녹음하고 이를 피고소인의 휴대전화로 전송받아 청취하였습니다.

(바) 이로써 피고소인은 공개되지 아니한 타인간의 대화를 녹음하고 청취하여 통신비밀보호법을 위반하였습니다.

(3) 결론

이에 고소인은 피고소인을 통신비밀보호법 제3조 제1항(공개되지 아니한 타인간의 대화를 녹음하여 청취), 제14조 제1항, 제16조(벌칙) 제1호에 의하여 고소하오니 피고소인을 철저히 수사하여 법에 준엄함을 깨달을 수 있도록 엄벌에 처하여 주시기 바랍니다.

5. 증거자료

  □ 고소인은 고소인의 진술 외에 제출할 증거가 없습니다.

  ■ 고소인은 고소인의 진술 외에 제출할 증거가 있습니다.

   ☞ 제출할 증거의 세부내역은 별지를 작성하여 첨부합니다.

6. 관련사건의 수사 및 재판여부

① 중복 고소여부	본 고소장과 같은 내용의 고소장을 다른 검찰청 또는 경찰서에 제출하거나 제출하였던 사실이 있습니다 □ / 없습니다 ■
② 관련 형사사건 수사유무	본 고소장에 기재된 범죄사실과 관련된 사건 또는 공범에 대하여 검찰청이나 경찰서에서 수사 중에 있습니다 □ / 수사 중에 있지 않습니다 ■
③ 관련 민사소송 유무	본 고소장에 기재된 범죄사실과 관련된 사건에 대하여 법원에서 민사소송 중에 있습니다 □ / 민사소송 중에 있지 않습니다 ■

7. 기타

  본 고소장에 기재한 내용은 고소인이 알고 있는 지식과 경험을 바탕으로 모두 사실대로 작성하였으며, 만일 허위사실을 고소하였을 때에는 형법 제156조 무고죄로 처벌받을 것임을 아울러 서약합니다.

○○○○ 년 ○○ 월 ○○ 일

위 고소인 : ○ ○ ○   (인)

경상남도 밀양경찰서장 귀중

별지 : 증거자료 세부 목록

(범죄사실 입증을 위해 제출하려는 증거에 대하여 아래 각 증거별로 해당 난을 구체적으로 작성해 주시기 바랍니다)

1. 인적증거

성 명	○ ○ ○	주민등록번호		생략	
주 소	밀양시 ○○로 ○길 ○○, ○○○호			직업	회사원
전 화	(휴대폰) 010 - 4578 - 0000				
입증하려는 내 용	위 ○○○은 피고소인이 고소인의 통화녹음을 청취한 사실을 입증하고자 합니다.				

2. 증거서류

순번	증 거	작성자	제출 유무
1	대화녹음	고소인	■ 접수시 제출 □ 수사 중 제출
2	진술서	고소인	■ 접수시 제출 □ 수사 중 제출
3			□ 접수시 제출 □ 수사 중 제출
4			□ 접수시 제출 □ 수사 중 제출
5			□ 접수시 제출 □ 수사 중 제출

3. 증거물

순번	증 거	소유자	제출 유무
1	대화녹음	고소인	■ 접수시 제출 □ 수사 중 제출
2			□ 접수시 제출 □ 수사 중 제출
3			□ 접수시 제출 □ 수사 중 제출
4			□ 접수시 제출 □ 수사 중 제출
5			□ 접수시 제출 □ 수사 중 제출

4. 기타증거

추후 필요에 따라 제출하겠습니다.

【고소장(6)】 고소인의 휴대전화에 어플을 설치 녹음하여 청취 처벌요구 고소장 최신서식

고　　　소　　　장

고　소　인 : ○　　　○　　　○

피고소인 : ○　　　○　　　○

충청북도 충주경찰서장 귀중

고 소 장

1. 고소인

성 명	○ ○ ○	주민등록번호	생략
주 소	충청북도 충주시 ○○로 ○○, ○○○-○○○호		
직 업	상업	사무실 주 소	생략
전 화	(휴대폰) 010 - 8145 - 0000		
대리인에 의한 고 소	☐ 법정대리인 (성명 : , 연락처) ☐ 소송대리인 (성명 : 변호사, 연락처)		

2. 피고소인

성 명	○ ○ ○	주민등록번호	무지
주 소	무지		
직 업	상업	사무실 주 소	상동
전 화	(휴대폰) 010 - 7723 - 0000		
기타사항	고소인과의 관계 - 친·인척관계 없습니다.		

3. 고소취지

고소인은 피고소인에 관하여 다음과 같이 통신비밀보호법 제3조 제1항 위반죄로 고소하오니 법에 준엄함을 깨달을 수 있도록 철저히 수사하여 엄벌에 처해 주시기 바랍니다.

4. 범죄사실

(1) 적용 법조

○ 통신비밀보호법 제3조 제1항

누구든지 이 법과 형사소송법 또는 군사법원법의 규정에 의하지 아니하고는 우편물의 검열·전기통신의 감청 또는 통신사실확인자료의 제공을 하거나 공개되지 아니한 타인간의 대화를 녹음 또는 청취하지 못한다.

○ 통신비밀보호법 제14조 제1항

누구든지 공개되지 아니한 타인간의 대화를 녹음하거나 전자장치 또는 기계적 수단을 이용하여 청취할 수 없다.

○ 통신비밀보호법 제16조(벌칙) 제1호

다음 각 호의 어느 하나에 해당하는 자는 1년 이상 10년 이하의 징역과 5년 이하의 자격정지에 처한다.

1. 제3조의 규정에 위반하여 우편물의 검열 또는 전기통신의 감청을 하거나 공개되지 아니한 타인간의 대화를 녹음 또는 청취한 자.

2. 제1호에 따라 알게 된 통신 또는 대화의 내용을 공개하거나 누설한 자.

(2) 고소사실

(가) 피고소인은 충청북도 충주시 ○○로 ○○, 소재 ○○식당의 운영자이고, 고소인은 피고소인이 운영하는 정육식당의 실장으로 근무하던 사람입니다.

(나) 피고소인은 고소인이 위 정육식당의 실장으로 근무하면서 고기납품업체
들과 결탁하여 고기 값을 높게 책정해 피고소인에게 손해를 끼친다고
의심하여 고소인의 휴대전화 통화를 몰래 녹음하기로 마음먹었습니다.

(다) 통신비밀보호법 제3조 제1항, 같은 제14조 제1항에 의하여 누구든지 통신
비밀보호법과 형사소송법 또는 군사법원법의 규정에 의하지 아니하고는
공개되지 아니한 타인간의 대화를 녹음 또는 청취하여서는 아니 됩니다.

(라) 그럼에도 불구하고, 피고소인은 ○○○○. ○○. ○○. ○○:○○경 충청
북도 충주시 ○○로에 있는 '○○커피전문점'에서, 고소인에게 "휴대전
화를 잠깐 구경해도 되겠느냐"고 하여 고소인의 갤럭시 노트9 휴대전
화(모델명 : SM-N960N)를 건네받은 다음, 즉석에서 구글 플레이스토어
에 '원격 통화녹음 어플'을 검색해 원격 통화녹음 및 녹음파일 전송 기
능이 있는 'pcphone 자녀용' 어플을 다운로드 받아 고소인의 휴대전화에
설치하고, 그 무렵 불상지에서 피고소인의 휴대전화에 'pcphone 부모용'
어플을 설치하였습니다.

(마) 피고소인은 위와 같이 고소인의 휴대전화에 설치한 어플을 통하여 ○○○
○. ○○. ○○. ○○:○○경 고소인과 고소인의 지인 고소 외 ○○○의 통
화 내용을 녹음하고, 녹음파일을 자신의 휴대전화로 전송받아 청취한 것을
비롯하여, 그 무렵부터 ○○○○. ○○. ○○. ○○:○○까지 같은 방법으로
총 7회에 걸쳐 고소인과 고소인의 지인 ○○○. ○○○과의 휴대전화 통화
를 녹음하고 이를 피고소인의 휴대전화로 전송받아 청취하였습니다.

(바) 이로써 피고소인은 공개되지 아니한 타인간의 대화를 녹음하고 청취하
여 통신비밀보호법을 위반하였습니다.

(3) 결론

고소인은 피고소인을 통신비밀보호법 제3조 제1항(공개되지 아니한 타인간의
대화를 녹음하여 청취), 제14조 제1항, 제16조(벌칙) 제1호에 의하여 고소하오
니 피고소인을 철저히 수사하여 법에 준엄함을 깨달을 수 있도록 엄벌에 처하
여 주시기 바랍니다.

5. 증거자료

☐ 고소인은 고소인의 진술 외에 제출할 증거가 없습니다.

■ 고소인은 고소인의 진술 외에 제출할 증거가 있습니다.

　☞ 제출할 증거의 세부내역은 별지를 작성하여 첨부합니다.

6. 관련사건의 수사 및 재판여부

① 중복 고소여부	본 고소장과 같은 내용의 고소장을 다른 검찰청 또는 경찰서에 제출하거나 제출하였던 사실이 있습니다 ☐ / 없습니다 ■
② 관련 형사사건 수사유무	본 고소장에 기재된 범죄사실과 관련된 사건 또는 공범에 대하여 검찰청이나 경찰서에서 수사 중에 있습니다 ☐ / 수사 중에 있지 않습니다 ■
③ 관련 민사소송 유무	본 고소장에 기재된 범죄사실과 관련된 사건에 대하여 법원에서 민사소송 중에 있습니다 ☐ / 민사소송 중에 있지 않습니다 ■

7. 기타

　본 고소장에 기재한 내용은 고소인이 알고 있는 지식과 경험을 바탕으로 모두 사실대로 작성하였으며, 만일 허위사실을 고소하였을 때에는 형법 제156조 무고죄로 처벌받을 것임을 아울러 서약합니다.

○○○○ 년 ○○ 월 ○○ 일

위 고소인 : ○ 　○ 　○ 　　(인)

충청북도 충주경찰서장 귀중

별지 : 증거자료 세부 목록

(범죄사실 입증을 위해 제출하려는 증거에 대하여 아래 각 증거별로 해당 난을 구체적으로 작성해 주시기 바랍니다)

1. 인적증거

성 명	○ ○ ○	주민등록번호	생략		
주 소	충주시 ○○로 ○길 ○○, ○○○호			직업	회사원
전 화	(휴대폰) 010 - 4578 - 0000				
입증하려는 내 용	위 ○○○은 피고소인이 고소인의 통화녹음을 한 사실과 청취한 사실에 대하여 입증하고자 합니다.				

2. 증거서류

순번	증 거	작성자	제출 유무	
1	대화녹음	고소인	■ 접수시 제출	□ 수사 중 제출
2	진술서	고소인	■ 접수시 제출	□ 수사 중 제출
3			□ 접수시 제출	□ 수사 중 제출
4			□ 접수시 제출	□ 수사 중 제출
5			□ 접수시 제출	□ 수사 중 제출

3. 증거물

순번	증 거	소유자	제출 유무	
1	대화녹음	고소인	■ 접수시 제출	□ 수사 중 제출
2			□ 접수시 제출	□ 수사 중 제출
3			□ 접수시 제출	□ 수사 중 제출
4			□ 접수시 제출	□ 수사 중 제출
5			□ 접수시 제출	□ 수사 중 제출

4. 기타증거

추후 필요에 따라 제출하겠습니다.

부록:
통신비밀보호법 관련법령

통신비밀보호법

[시행 2022.12.27.] [법률 제19103호, 2022.12.27., 일부개정]

제1조(목적) 이 법은 통신 및 대화의 비밀과 자유에 대한 제한은 그 대상을 한정하고 엄격한 법적 절차를 거치도록 함으로써 통신비밀을 보호하고 통신의 자유를 신장함을 목적으로 한다.

제2조(정의) 이 법에서 사용하는 용어의 정의는 다음과 같다. <개정 2001.12.29., 2004.1.29., 2005.1.27.>

1. "통신"이라 함은 우편물 및 전기통신을 말한다.

2. "우편물"이라 함은 우편법에 의한 통상우편물과 소포우편물을 말한다.

3. "전기통신"이라 함은 전화·전자우편·회원제정보서비스·모사전송·무선호출 등과 같이 유선·무선·광선 및 기타의 전자적 방식에 의하여 모든 종류의 음향·문언·부호 또는 영상을 송신하거나 수신하는 것을 말한다.

4. "당사자"라 함은 우편물의 발송인과 수취인, 전기통신의 송신인과 수신인을 말한다.

5. "내국인"이라 함은 대한민국의 통치권이 사실상 행사되고 있는 지역에 주소 또는 거소를 두고 있는 대한민국 국민을 말한다.

6. "검열"이라 함은 우편물에 대하여 당사자의 동의없이 이를 개봉하거나 기타의 방법으로 그 내용을 지득 또는 채록하거나 유치하는 것을 말한다.

7. "감청"이라 함은 전기통신에 대하여 당사자의 동의없이 전자장치·기계장치등을 사용하여 통신의 음향·문언·부호·영상을 청취·공독하여 그 내용을 지득 또는 채록하거나 전기통신의 송·수신을 방해하는 것을 말한다.

8. "감청설비"라 함은 대화 또는 전기통신의 감청에 사용될 수 있는 전자장치·기계장치 기타 설비를 말한다. 다만, 전기통신 기기·기구 또는 그 부품으로서 일반적으로 사용되는 것 및 청각교정을 위한 보청기 또는 이와 유사한 용도로 일반적으로 사용되는 것중에서, 대통령령이 정하는 것은 제외한다.

8의2. "불법감청설비탐지"라 함은 이 법의 규정에 의하지 아니하고 행하는 감청 또는 대화의 청취에 사용되는 설비를 탐지하는 것을 말한다.

9. "전자우편"이라 함은 컴퓨터 통신망을 통해서 메시지를 전송하는 것 또는 전송된 메시지를 말한다.

10. "회원제정보서비스"라 함은 특정의 회원이나 계약자에게 제공하는 정보서비스 또는 그와 같은 네트워크의 방식을 말한다.

11. "통신사실확인자료"라 함은 다음 각목의 어느 하나에 해당하는 전기통신사실에 관한 자료를 말한다.

　　가. 가입자의 전기통신일시

　　나. 전기통신개시·종료시간

　　다. 발·착신 통신번호 등 상대방의 가입자번호

　　라. 사용도수

　　마. 컴퓨터통신 또는 인터넷의 사용자가 전기통신역무를 이용한 사실에 관한 컴퓨터통신 또는 인터넷의 로그기록자료

　　바. 정보통신망에 접속된 정보통신기기의 위치를 확인할 수 있는 발신기지국의 위치추적자료

　　사. 컴퓨터통신 또는 인터넷의 사용자가 정보통신망에 접속하기 위하여 사용하는 정보통신기기의 위치를 확인할 수 있는 접속지의 추적자료

12. "단말기기 고유번호"라 함은 이동통신사업자와 이용계약이 체결된 개인의 이동전화 단말기기에 부여된 전자적 고유번호를 말한다.

제3조(통신 및 대화비밀의 보호) ① 누구든지 이 법과 형사소송법 또는 군사법원법의 규정에 의하지 아니하고는 우편물의 검열·전기통신의 감청 또는 통신사실확인자료의 제공을 하거나 공개되지 아니한 타인간의 대화를 녹음 또는 청취하지 못한다. 다만, 다음 각호의 경우에는 당해 법률이 정하는 바에 의한다. <개정 2000.12.29., 2001.12.29., 2004.1.29., 2005.3.31., 2007.12.21., 2009.11.2.>

1. 환부우편물등의 처리 : 우편법 제28조·제32조·제35조·제36조등의 규정에 의하여 폭발물등 우편금제품이 들어 있다고 의심되는 소포우편물(이와

유사한 郵便物을 포함한다) 을 개피하는 경우, 수취인에게 배달할 수 없거나 수취인이 수령을 거부한 우편물을 발송인에게 환부하는 경우, 발송인의 주소·성명이 누락된 우편물로서 수취인이 수취를 거부하여 환부하는 때에 그 주소·성명을 알기 위하여 개피하는 경우 또는 유가물이 든 환부불능우편물을 처리하는 경우

2. 수출입우편물에 대한 검사 : 관세법 제256조·제257조 등의 규정에 의한 신서외의 우편물에 대한 통관검사절차

3. 구속 또는 복역중인 사람에 대한 통신 : 형사소송법 제91조, 군사법원법 제131조, 「형의 집행 및 수용자의 처우에 관한 법률」 제41조·제43조·제44조 및 「군에서의 형의 집행 및 군수용자의 처우에 관한 법률」 제42조·제44조 및 제45조에 따른 구속 또는 복역중인 사람에 대한 통신의 관리

4. 파산선고를 받은 자에 대한 통신 : 「채무자 회생 및 파산에 관한 법률」 제484조의 규정에 의하여 파산선고를 받은 자에게 보내온 통신을 파산관재인이 수령하는 경우

5. 혼신제거등을 위한 전파감시 : 전파법 제49조 내지 제51조의 규정에 의한 혼신제거등 전파질서유지를 위한 전파감시의 경우

② 우편물의 검열 또는 전기통신의 감청(이하 "통신제한조치"라 한다)은 범죄수사 또는 국가안전보장을 위하여 보충적인 수단으로 이용되어야 하며, 국민의 통신비밀에 대한 침해가 최소한에 그치도록 노력하여야 한다. <신설 2001.12.29.>

③ 누구든지 단말기 고유번호를 제공하거나 제공받아서는 아니된다. 다만, 이동전화단말기 제조업체 또는 이동통신사업자가 단말기의 개통처리 및 수리 등 정당한 업무의 이행을 위하여 제공하거나 제공받는 경우에는 그러하지 아니하다. <신설 2004.1.29.>

제4조(불법검열에 의한 우편물의 내용과 불법감청에 의한 전기통신내용의 증거사용 금지) 제3조의 규정에 위반하여, 불법검열에 의하여 취득한 우편물이나 그 내용 및 불법감청에 의하여 지득 또는 채록된 전기통신의 내용은 재판 또는 징계절차에서 증거로 사용할 수 없다.

제5조(범죄수사를 위한 통신제한조치의 허가요건) ① 통신제한조치는 다음 각호의 범죄를 계획 또는 실행하고 있거나 실행하였다고 의심할만한 충분한 이유가 있고 다른 방법으로는 그 범죄의 실행을 저지하거나 범인의 체포 또는 증거의 수집이 어려운 경우에 한하여 허가할 수 있다. <개정 1997.12.13., 2000.1.12., 2001.12.29., 2007.12.21., 2013.4.5., 2015.1.6., 2016.1.6., 2019.12.31.>

1. 형법 제2편중 제1장 내란의 죄, 제2장 외환의 죄중 제92조 내지 제101조의 죄, 제4장 국교에 관한 죄중 제107조, 제108조, 제111조 내지 제113조의 죄, 제5장 공안을 해하는 죄중 제114조, 제115조의 죄, 제6장 폭발물에 관한 죄, 제7장 공무원의 직무에 관한 죄중 제127조, 제129조 내지 제133조의 죄, 제9장 도주와 범인은닉의 죄, 제13장 방화와 실화의 죄중 제164조 내지 제167조·제172조 내지 제173조·제174조 및 제175조의 죄, 제17장 아편에 관한 죄, 제18장 통화에 관한 죄, 제19장 유가증권, 우표와 인지에 관한 죄중 제214조 내지 제217조, 제223조(제214조 내지 제217조의 미수범에 한한다) 및 제224조(제214조 및 제215조의 예비·음모에 한한다), 제24장 살인의 죄, 제29장 체포와 감금의 죄, 제30장 협박의 죄중 제283조제1항, 제284조, 제285조(제283조제1항, 제284조의 상습범에 한한다), 제286조[제283조제1항, 제284조, 제285조(제283조제1항, 제284조의 상습범에 한한다)의 미수범에 한한다]의 죄, 제31장 약취(略取), 유인(誘引) 및 인신매매의 죄, 제32장 강간과 추행의 죄중 제297조 내지 제301조의2, 제305조의 죄, 제34장 신용, 업무와 경매에 관한 죄중 제315조의 죄, 제37장 권리행사를 방해하는 죄중 제324조의2 내지 제324조의4·제324조의5(제324조의2 내지 제324조의4의 미수범에 한한다)의 죄, 제38장 절도와 강도의 죄중 제329조 내지 제331조, 제332조(제329조 내지 제331조의 상습범에 한한다), 제333조 내지 제341조, 제342조[제329조 내지 제331조, 제332조(제329조 내지 제331조의 상습범에 한한다), 제333조 내지 제341조의 미수범에 한한다]의 죄, 제39장 사기와 공갈의 죄 중 제350조, 제350조의2, 제351조(제350조, 제350조의2의 상습범에 한정한다), 제352조(제350조, 제350조의2의 미수범에 한정한다)의 죄, 제41장 장물에 관한 죄 중 제363조의 죄

2. 군형법 제2편중 제1장 반란의 죄, 제2장 이적의 죄, 제3장 지휘권 남용의 죄, 제4장 지휘관의 항복과 도피의 죄, 제5장 수소이탈의 죄, 제7장 군무태만의 죄중 제42조의 죄, 제8장 항명의 죄, 제9장 폭행·협박·상해와

살인의 죄, 제11장 군용물에 관한 죄, 제12장 위령의 죄중 제78조・제80조・제81조의 죄

3. 국가보안법에 규정된 범죄

4. 군사기밀보호법에 규정된 범죄

5. 「군사기지 및 군사시설 보호법」에 규정된 범죄

6. 마약류관리에관한법률에 규정된 범죄중 제58조 내지 제62조의 죄

7. 폭력행위등처벌에관한법률에 규정된 범죄중 제4조 및 제5조의 죄

8. 「총포・도검・화약류 등의 안전관리에 관한 법률」에 규정된 범죄중 제70조 및 제71조제1호 내지 제3호의 죄

9. 「특정범죄 가중처벌 등에 관한 법률」에 규정된 범죄중 제2조 내지 제8조, 제11조, 제12조의 죄

10. 특정경제범죄가중처벌등에관한법률에 규정된 범죄중 제3조 내지 제9조의 죄

11. 제1호와 제2호의 죄에 대한 가중처벌을 규정하는 법률에 위반하는 범죄

12. 「국제상거래에 있어서 외국공무원에 대한 뇌물방지법」에 규정된 범죄중 제3조 및 제4조의 죄

② 통신제한조치는 제1항의 요건에 해당하는 자가 발송・수취하거나 송・수신하는 특정한 우편물이나 전기통신 또는 그 해당자가 일정한 기간에 걸쳐 발송・수취하거나 송・수신하는 우편물이나 전기통신을 대상으로 허가될 수 있다.

[2020.3.24., 법률 제17090호에 의하여 2018.8.30. 헌법재판소의 헌법불합치 결정과 관련하여 제12조의2를 신설함.]

제6조(범죄수사를 위한 통신제한조치의 허가절차) ① 검사(군검사를 포함한다. 이하 같다)는 제5조제1항의 요건이 구비된 경우에는 법원(軍事法院을 포함한다. 이하 같다)에 대하여 각 피의자별 또는 각 피내사자별로 통신제한조치를 허가하여 줄 것을 청구할 수 있다. <개정 2001.12.29., 2016.1.6.>

② 사법경찰관(軍司法警察官을 포함한다. 이하 같다)은 제5조제1항의 요건이

구비된 경우에는 검사에 대하여 각 피의자별 또는 각 피내사자별로 통신제한조치에 대한 허가를 신청하고, 검사는 법원에 대하여 그 허가를 청구할 수 있다. <개정 2001.12.29.>

③ 제1항 및 제2항의 통신제한조치 청구사건의 관할법원은 그 통신제한조치를 받을 통신당사자의 쌍방 또는 일방의 주소지·소재지, 범죄지 또는 통신당사자와 공범관계에 있는 자의 주소지·소재지를 관할하는 지방법원 또는 지원(군사법원을 포함한다)으로 한다. <개정 2001.12.29., 2021.9.24.>

④ 제1항 및 제2항의 통신제한조치청구는 필요한 통신제한조치의 종류·그 목적·대상·범위·기간·집행장소·방법 및 당해 통신제한조치가 제5조제1항의 허가요건을 충족하는 사유등의 청구이유를 기재한 서면(이하 "請求書"라 한다)으로 하여야 하며, 청구이유에 대한 소명자료를 첨부하여야 한다. 이 경우 동일한 범죄사실에 대하여 그 피의자 또는 피내사자에 대하여 통신제한조치의 허가를 청구하였거나 허가받은 사실이 있는 때에는 다시 통신제한조치를 청구하는 취지 및 이유를 기재하여야 한다. <개정 2001.12.29.>

⑤ 법원은 청구가 이유 있다고 인정하는 경우에는 각 피의자별 또는 각 피내사자별로 통신제한조치를 허가하고, 이를 증명하는 서류(이하 "허가서"라 한다)를 청구인에게 발부한다. <개정 2001.12.29.>

⑥ 제5항의 허가서에는 통신제한조치의 종류·그 목적·대상·범위·기간 및 집행장소와 방법을 특정하여 기재하여야 한다. <개정 2001.12.29.>

⑦ 통신제한조치의 기간은 2개월을 초과하지 못하고, 그 기간 중 통신제한조치의 목적이 달성되었을 경우에는 즉시 종료하여야 한다. 다만, 제5조제1항의 허가요건이 존속하는 경우에는 소명자료를 첨부하여 제1항 또는 제2항에 따라 2개월의 범위에서 통신제한조치기간의 연장을 청구할 수 있다. <개정 2001.12.29., 2019.12.31.>

⑧ 검사 또는 사법경찰관이 제7항 단서에 따라 통신제한조치의 연장을 청구하는 경우에 통신제한조치의 총 연장기간은 1년을 초과할 수 없다. 다만, 다음 각 호의 어느 하나에 해당하는 범죄의 경우에는 통신제한조치의 총 연장기간이 3년을 초과할 수 없다. <신설 2019.12.31.>

1. 「형법」 제2편 중 제1장 내란의 죄, 제2장 외환의 죄 중 제92조부터 제101조까지의 죄, 제4장 국교에 관한 죄 중 제107조, 제108조, 제111조부터 제113조까지의 죄, 제5장 공안을 해하는 죄 중 제114조, 제115조의 죄 및 제6장 폭발물에 관한 죄

2. 「군형법」 제2편 중 제1장 반란의 죄, 제2장 이적의 죄, 제11장 군용물에 관한 죄 및 제12장 위령의 죄 중 제78조·제80조·제81조의 죄

3. 「국가보안법」에 규정된 죄

4. 「군사기밀보호법」에 규정된 죄

5. 「군사기지 및 군사시설보호법」에 규정된 죄

⑨ 법원은 제1항·제2항 및 제7항 단서에 따른 청구가 이유없다고 인정하는 경우에는 청구를 기각하고 이를 청구인에게 통지한다. <개정 2019.12.31.>

[제목개정 2019.12.31.]

[2019.12.31. 법률 제16849호에 의하여 2010.12.28. 헌법재판소에서 헌법불합치 결정된 이 조 제7항을 개정함.]

제7조(국가안보를 위한 통신제한조치) ① 대통령령이 정하는 정보수사기관의 장(이하 "情報搜査機關의 長"이라 한다)은 국가안전보장에 상당한 위험이 예상되는 경우 또는 「국민보호와 공공안전을 위한 테러방지법」 제2조제6호의 대테러활동에 필요한 경우에 한하여 그 위해를 방지하기 위하여 이에 관한 정보수집이 특히 필요한 때에는 다음 각호의 구분에 따라 통신제한조치를 할 수 있다. <개정 2001.12.29., 2016.3.3., 2020.3.24.>

1. 통신의 일방 또는 쌍방당사자가 내국인인 때에는 고등법원 수석판사의 허가를 받아야 한다. 다만, 군용전기통신법 제2조의 규정에 의한 군용전기통신(작전수행을 위한 전기통신에 한한다)에 대하여는 그러하지 아니하다.

2. 대한민국에 적대하는 국가, 반국가활동의 혐의가 있는 외국의 기관·단체와 외국인, 대한민국의 통치권이 사실상 미치지 아니하는 한반도내의 집단이나 외국에 소재하는 그 산하단체의 구성원의 통신인 때 및 제1항제1호 단서의 경우에는 서면으로 대통령의 승인을 얻어야 한다.

② 제1항의 규정에 의한 통신제한조치의 기간은 4월을 초과하지 못하고, 그 기간중 통신제한조치의 목적이 달성되었을 경우에는 즉시 종료하여야 하되, 제1항의 요건이 존속하는 경우에는 소명자료를 첨부하여 고등법원 수석판사의 허가 또는 대통령의 승인을 얻어 4월의 범위 이내에서 통신제한조치의 기간을 연장할 수 있다. 다만, 제1항제1호 단서의 규정에 의한 통신제한조치는 전시·사변 또는 이에 준하는 국가비상사태에 있어서 적과 교전상태에 있는 때에는 작전이 종료될 때까지 대통령의 승인을 얻지 아니하고 기간을 연장할 수 있다. <개정 2001.12.29., 2020.3.24.>

③ 제1항제1호에 따른 허가에 관하여는 제6조제2항, 제4항부터 제6항까지 및 제9항을 준용한다. 이 경우 "사법경찰관(군사법경찰관을 포함한다. 이하 같다)"은 "정보수사기관의 장"으로, "법원"은 "고등법원 수석판사"로, "제5조제1항"은 "제7조제1항제1호 본문"으로, 제6조제2항 및 제5항 중 "각 피의자별 또는 각 피내사자별로 통신제한조치"는 각각 "통신제한조치"로 본다. <개정 2019.12.31., 2020.3.24.>

④ 제1항제2호의 규정에 의한 대통령의 승인에 관한 절차등 필요한 사항은 대통령령으로 정한다.

[제목개정 2019.12.31.]

제8조(긴급통신제한조치) ① 검사, 사법경찰관 또는 정보수사기관의 장은 국가안보를 위협하는 음모행위, 직접적인 사망이나 심각한 상해의 위험을 야기할 수 있는 범죄 또는 조직범죄등 중대한 범죄의 계획이나 실행 등 긴박한 상황에 있고 제5조제1항 또는 제7조제1항제1호의 규정에 의한 요건을 구비한 자에 대하여 제6조 또는 제7조제1항 및 제3항의 규정에 의한 절차를 거칠 수 없는 긴급한 사유가 있는 때에는 법원의 허가없이 통신제한조치를 할 수 있다.

② 검사, 사법경찰관 또는 정보수사기관의 장은 제1항에 따른 통신제한조치(이하 "긴급통신제한조치"라 한다)의 집행에 착수한 후 지체 없이 제6조(제7조제3항에서 준용하는 경우를 포함한다)에 따라 법원에 허가청구를 하여야 한다. <개정 2022.12.27.>

③ 사법경찰관이 긴급통신제한조치를 할 경우에는 미리 검사의 지휘를 받아야 한다. 다만, 특히 급속을 요하여 미리 지휘를 받을 수 없는 사유가 있

는 경우에는 긴급통신제한조치의 집행착수후 지체없이 검사의 승인을 얻어야 한다.

④ 검사, 사법경찰관 또는 정보수사기관의 장이 긴급통신제한조치를 하고자 하는 경우에는 반드시 긴급검열서 또는 긴급감청서(이하 "긴급감청서등" 이라 한다)에 의하여야 하며 소속기관에 긴급통신제한조치대장을 비치하여야 한다.

⑤ 검사, 사법경찰관 또는 정보수사기관의 장은 긴급통신제한조치의 집행에 착수한 때부터 36시간 이내에 법원의 허가를 받지 못한 경우에는 해당 조치를 즉시 중지하고 해당 조치로 취득한 자료를 폐기하여야 한다. <개정 2022.12.27.>

⑥ 검사, 사법경찰관 또는 정보수사기관의 장은 제5항에 따라 긴급통신제한 조치로 취득한 자료를 폐기한 경우 폐기이유·폐기범위·폐기일시 등을 기재한 자료폐기결과보고서를 작성하여 폐기일부터 7일 이내에 제2항에 따라 허가청구를 한 법원에 송부하고, 그 부본(副本)을 피의자의 수사기록 또는 피내사자의 내사사건기록에 첨부하여야 한다. <개정 2022.12.27.>

⑦ 삭제 <2022.12.27.>

⑧ 정보수사기관의 장은 국가안보를 위협하는 음모행위, 직접적인 사망이나 심각한 상해의 위험을 야기할 수 있는 범죄 또는 조직범죄등 중대한 범죄의 계획이나 실행 등 긴박한 상황에 있고 제7조제1항제2호에 해당하는 자에 대하여 대통령의 승인을 얻을 시간적 여유가 없거나 통신제한조치를 긴급히 실시하지 아니하면 국가안전보장에 대한 위해를 초래할 수 있다고 판단되는 때에는 소속 장관(국가정보원장을 포함한다)의 승인을 얻어 통신제한조치를 할 수 있다.

⑨ 정보수사기관의 장은 제8항에 따른 통신제한조치의 집행에 착수한 후 지체 없이 제7조에 따라 대통령의 승인을 얻어야 한다. <개정 2022.12.27.>

⑩ 정보수사기관의 장은 제8항에 따른 통신제한조치의 집행에 착수한 때부터 36시간 이내에 대통령의 승인을 얻지 못한 경우에는 해당 조치를 즉시 중지하고 해당 조치로 취득한 자료를 폐기하여야 한다. <신설 2022.12.27.>

[전문개정 2001.12.29.]

제9조(통신제한조치의 집행) ① 제6조 내지 제8조의 통신제한조치는 이를 청구 또는 신청한 검사·사법경찰관 또는 정보수사기관의 장이 집행한다. 이 경우 체신관서 기타 관련기관등(이하 "통신기관등"이라 한다)에 그 집행을 위탁하거나 집행에 관한 협조를 요청할 수 있다. <개정 2001.12.29.>

② 통신제한조치의 집행을 위탁하거나 집행에 관한 협조를 요청하는 자는 통신기관등에 통신제한조치허가서(제7조제1항제2호의 경우에는 대통령의 승인서를 말한다. 이하 이 조, 제16조제2항제1호 및 제17조제1항제1호·제3호에서 같다) 또는 긴급감청서등의 표지의 사본을 교부하여야 하며, 이를 위탁받거나 이에 관한 협조요청을 받은 자는 통신제한조치허가서 또는 긴급감청서등의 표지 사본을 대통령령이 정하는 기간동안 보존하여야 한다. <개정 2001.12.29.>

③ 통신제한조치를 집행하는 자와 이를 위탁받거나 이에 관한 협조요청을 받은 자는 당해 통신제한조치를 청구한 목적과 그 집행 또는 협조일시 및 대상을 기재한 대장을 대통령령이 정하는 기간동안 비치하여야 한다. <신설 2001.12.29.>

④ 통신기관등은 통신제한조치허가서 또는 긴급감청서등에 기재된 통신제한조치 대상자의 전화번호 등이 사실과 일치하지 않을 경우에는 그 집행을 거부할 수 있으며, 어떠한 경우에도 전기통신에 사용되는 비밀번호를 누설할 수 없다. <신설 2001.12.29.>

제9조의2(통신제한조치의 집행에 관한 통지) ① 검사는 제6조제1항 및 제8조제1항에 따라 통신제한조치를 집행한 사건에 관하여 공소를 제기하거나, 공소의 제기 또는 입건을 하지 아니하는 처분(기소중지결정, 참고인중지결정을 제외한다)을 한 때에는 그 처분을 한 날부터 30일 이내에 우편물 검열의 경우에는 그 대상자에게, 감청의 경우에는 그 대상이 된 전기통신의 가입자에게 통신제한조치를 집행한 사실과 집행기관 및 그 기간 등을 서면으로 통지하여야 한다. 다만, 고위공직자범죄수사처(이하 "수사처"라 한다)검사는 「고위공직자범죄수사처 설치 및 운영에 관한 법률」 제26조제1항에 따라 서울중앙지방검찰청 소속 검사에게 관계 서류와 증거물을 송부한 사건에 관하여 이를 처리하는 검사로부터 공소를 제기하거나 제기하지 아니하는 처분

(기소중지결정, 참고인중지결정은 제외한다)의 통보를 받은 경우에도 그 통보를 받은 날부터 30일 이내에 서면으로 통지하여야 한다. <개정 2021.1.5.>

② 사법경찰관은 제6조제1항 및 제8조제1항에 따라 통신제한조치를 집행한 사건에 관하여 검사로부터 공소를 제기하거나 제기하지 아니하는 처분(기소중지 또는 참고인중지 결정은 제외한다)의 통보를 받거나 검찰송치를 하지 아니하는 처분(수사중지 결정은 제외한다) 또는 내사사건에 관하여 입건하지 아니하는 처분을 한 때에는 그 날부터 30일 이내에 우편물 검열의 경우에는 그 대상자에게, 감청의 경우에는 그 대상이 된 전기통신의 가입자에게 통신제한조치를 집행한 사실과 집행기관 및 그 기간 등을 서면으로 통지하여야 한다. <개정 2021.3.16.>

③ 정보수사기관의 장은 제7조제1항제1호 본문 및 제8조제1항의 규정에 의한 통신제한조치를 종료한 날부터 30일 이내에 우편물 검열의 경우에는 그 대상자에게, 감청의 경우에는 그 대상이 된 전기통신의 가입자에게 통신제한조치를 집행한 사실과 집행기관 및 그 기간 등을 서면으로 통지하여야 한다.

④ 제1항 내지 제3항의 규정에 불구하고 다음 각호의 1에 해당하는 사유가 있는 때에는 그 사유가 해소될 때까지 통지를 유예할 수 있다.

1. 통신제한조치를 통지할 경우 국가의 안전보장·공공의 안녕질서를 위태롭게 할 현저한 우려가 있는 때

2. 통신제한조치를 통지할 경우 사람의 생명·신체에 중대한 위험을 초래할 염려가 현저한 때

⑤ 검사 또는 사법경찰관은 제4항에 따라 통지를 유예하려는 경우에는 소명자료를 첨부하여 미리 관할지방검찰청검사장의 승인을 받아야 한다. 다만, 수사처검사가 제4항에 따라 통지를 유예하려는 경우에는 소명자료를 첨부하여 미리 수사처장의 승인을 받아야 하고, 군검사 및 군사법경찰관이 제4항에 따라 통지를 유예하려는 경우에는 소명자료를 첨부하여 미리 관할 보통검찰부장의 승인을 받아야 한다. <개정 2016.1.6., 2021.1.5.>

⑥ 검사, 사법경찰관 또는 정보수사기관의 장은 제4항 각호의 사유가 해소된 때에는 그 사유가 해소된 날부터 30일 이내에 제1항 내지 제3항의 규정에 의한 통지를 하여야 한다.

[본조신설 2001.12.29.]

제9조의3(압수·수색·검증의 집행에 관한 통지) ① 검사는 송·수신이 완료된 전기통신에 대하여 압수·수색·검증을 집행한 경우 그 사건에 관하여 공소를 제기하거나 공소의 제기 또는 입건을 하지 아니하는 처분(기소중지결정, 참고인중지결정을 제외한다)을 한 때에는 그 처분을 한 날부터 30일 이내에 수사대상이 된 가입자에게 압수·수색·검증을 집행한 사실을 서면으로 통지하여야 한다. 다만, 수사처검사는 「고위공직자범죄수사처 설치 및 운영에 관한 법률」 제26조제1항에 따라 서울중앙지방검찰청 소속 검사에게 관계 서류와 증거물을 송부한 사건에 관하여 이를 처리하는 검사로부터 공소를 제기하거나 제기하지 아니하는 처분(기소중지결정, 참고인중지결정은 제외한다)의 통보를 받은 경우에도 그 통보를 받은 날부터 30일 이내에 서면으로 통지하여야 한다. <개정 2021.1.5.>

② 사법경찰관은 송·수신이 완료된 전기통신에 대하여 압수·수색·검증을 집행한 경우 그 사건에 관하여 검사로부터 공소를 제기하거나 제기하지 아니하는 처분(기소중지 또는 참고인중지 결정은 제외한다)의 통보를 받거나 검찰송치를 하지 아니하는 처분(수사중지 결정은 제외한다) 또는 내사사건에 관하여 입건하지 아니하는 처분을 한 때에는 그 날부터 30일 이내에 수사대상이 된 가입자에게 압수·수색·검증을 집행한 사실을 서면으로 통지하여야 한다. <개정 2021.3.16.>

[본조신설 2009.5.28.]

제10조(감청설비에 대한 인가기관과 인가절차) ① 감청설비를 제조·수입·판매·배포·소지·사용하거나 이를 위한 광고를 하고자 하는 자는 과학기술정보통신부장관의 인가를 받아야 한다. 다만, 국가기관의 경우에는 그러하지 아니하다. <개정 1997.12.13., 2008.2.29., 2013.3.23., 2017.7.26.>

② 삭제 <2004.1.29.>

③ 과학기술정보통신부장관은 제1항의 인가를 하는 경우에는 인가신청자, 인가연월일, 인가된 감청설비의 종류와 수량등 필요한 사항을 대장에 기재하여 비치하여야 한다. <개정 1997.12.13., 2008.2.29., 2013.3.23., 2017.7.26.>

④ 제1항의 인가를 받아 감청설비를 제조·수입·판매·배포·소지 또는 사용하는 자는 인가연월일, 인가된 감청설비의 종류와 수량, 비치장소등 필요한 사항을 대장에 기재하여 비치하여야 한다. 다만, 지방자치단체의 비품으로서 그 직무수행에 제공되는 감청설비는 해당 기관의 비품대장에 기재한다.

⑤ 제1항의 인가에 관하여 기타 필요한 사항은 대통령령으로 정한다.

제10조의2(국가기관 감청설비의 신고) ① 국가기관(정보수사기관은 제외한다)이 감청설비를 도입하는 때에는 매 반기별로 그 제원 및 성능 등 대통령령으로 정하는 사항을 과학기술정보통신부장관에게 신고하여야 한다. <개정 2008.2.29., 2013.3.23., 2017.7.26., 2020.6.9.>

② 정보수사기관이 감청설비를 도입하는 때에는 매 반기별로 그 제원 및 성능 등 대통령령으로 정하는 사항을 국회 정보위원회에 통보하여야 한다. <개정 2020.6.9.>

[본조신설 2001.12.29.]

제10조의3(불법감청설비탐지업의 등록 등) ① 영리를 목적으로 불법감청설비탐지업을 하고자 하는 자는 대통령령으로 정하는 바에 의하여 과학기술정보통신부장관에게 등록을 하여야 한다. <개정 2008.2.29., 2013.3.23., 2017.7.26., 2020.6.9.>

② 제1항에 따른 등록은 법인만이 할 수 있다. <개정 2020.6.9.>

③ 제1항에 따른 등록을 하고자 하는 자는 대통령령으로 정하는 이용자보호계획·사업계획·기술·재정능력·탐지장비 그 밖에 필요한 사항을 갖추어야 한다. <개정 2008.2.29., 2020.6.9.>

④ 제1항에 따른 등록의 변경요건 및 절차, 등록한 사업의 양도·양수·승계·휴업·폐업 및 그 신고, 등록업무의 위임 등에 관하여 필요한 사항은 대통령령으로 정한다. <개정 2020.6.9.>

[본조신설 2004.1.29.]

제10조의4(불법감청설비탐지업자의 결격사유) 법인의 대표자가 다음 각 호의 어느 하나에 해당하는 경우에는 제10조의3에 따른 등록을 할 수 없다. <개정 2005.3.31., 2014.10.15., 2015.12.22., 2020.6.9., 2021.10.19.>

1. 피성년후견인 또는 피한정후견인

2. 파산선고를 받은 자로서 복권되지 아니한 자

3. 금고 이상의 실형을 선고받고 그 집행이 종료(집행이 종료된 것으로 보는 경우를 포함한다)되거나 집행이 면제된 날부터 3년이 지나지 아니한 자

4. 금고 이상의 형의 집행유예를 선고받고 그 유예기간중에 있는 자

5. 법원의 판결 또는 다른 법률에 의하여 자격이 상실 또는 정지된 자

6. 제10조의5에 따라 등록이 취소(제10조의4제1호 또는 제2호에 해당하여 등록이 취소된 경우는 제외한다)된 법인의 취소 당시 대표자로서 그 등록이 취소된 날부터 2년이 지나지 아니한 자

[본조신설 2004.1.29.]

제10조의5(등록의 취소) 과학기술정보통신부장관은 불법감청설비탐지업을 등록한 자가 다음 각 호의 어느 하나에 해당하는 경우에는 그 등록을 취소하거나 6개월 이내의 기간을 정하여 그 영업의 정지를 명할 수 있다. 다만, 제1호 또는 제2호에 해당하는 경우에는 그 등록을 취소하여야 한다. <개정 2008.2.29., 2013.3.23., 2017.7.26., 2020.6.9.>

1. 거짓이나 그 밖의 부정한 방법으로 등록 또는 변경등록을 한 경우

2. 제10조의4에 따른 결격사유에 해당하게 된 경우

3. 영업행위와 관련하여 알게된 비밀을 다른 사람에게 누설한 경우

4. 불법감청설비탐지업 등록증을 다른 사람에게 대여한 경우

5. 영업행위와 관련하여 고의 또는 중대한 과실로 다른 사람에게 중대한 손해를 입힌 경우

6. 다른 법률의 규정에 의하여 국가 또는 지방자치단체로부터 등록취소의 요구가 있는 경우

[본조신설 2004.1.29.]

제11조(비밀준수의 의무) ① 통신제한조치의 허가·집행·통보 및 각종 서류 작성 등에 관여한 공무원 또는 그 직에 있었던 자는 직무상 알게 된 통신제한조치에 관한 사항을 외부에 공개하거나 누설하여서는 아니된다.

② 통신제한조치에 관여한 통신기관의 직원 또는 그 직에 있었던 자는 통신제한조치에 관한 사항을 외부에 공개하거나 누설하여서는 아니된다.

③ 제1항 및 제2항에 규정된 자 외에 누구든지 이 법에 따른 통신제한조치로 알게 된 내용을 이 법에 따라 사용하는 경우 외에는 이를 외부에 공개하거나 누설하여서는 아니 된다. <개정 2018.3.20.>

④ 법원에서의 통신제한조치의 허가절차·허가여부·허가내용 등의 비밀유지에 관하여 필요한 사항은 대법원규칙으로 정한다.

[전문개정 2001.12.29.]

제12조(통신제한조치로 취득한 자료의 사용제한) 제9조의 규정에 의한 통신제한조치의 집행으로 인하여 취득된 우편물 또는 그 내용과 전기통신의 내용은 다음 각호의 경우외에는 사용할 수 없다.

1. 통신제한조치의 목적이 된 제5조제1항에 규정된 범죄나 이와 관련되는 범죄를 수사·소추하거나 그 범죄를 예방하기 위하여 사용하는 경우

2. 제1호의 범죄로 인한 징계절차에 사용하는 경우

3. 통신의 당사자가 제기하는 손해배상소송에서 사용하는 경우

4. 기타 다른 법률의 규정에 의하여 사용하는 경우

제12조의2(범죄수사를 위하여 인터넷 회선에 대한 통신제한조치로 취득한 자료의 관리) ① 검사는 인터넷 회선을 통하여 송신·수신하는 전기통신을 대상으로 제6조 또는 제8조(제5조제1항의 요건에 해당하는 사람에 대한 긴급통신제한조치에 한정한다)에 따른 통신제한조치를 집행한 경우 그 전기통신을 제12조제1호에 따라 사용하거나 사용을 위하여 보관(이하 이 조에서 "보관등"이라 한다)하고자 하는 때에는 집행종료일부터 14일 이내에 보관등

이 필요한 전기통신을 선별하여 통신제한조치를 허가한 법원에 보관등의 승인을 청구하여야 한다.

② 사법경찰관은 인터넷 회선을 통하여 송신·수신하는 전기통신을 대상으로 제6조 또는 제8조(제5조제1항의 요건에 해당하는 사람에 대한 긴급통신제한조치에 한정한다)에 따른 통신제한조치를 집행한 경우 그 전기통신의 보관등을 하고자 하는 때에는 집행종료일부터 14일 이내에 보관등이 필요한 전기통신을 선별하여 검사에게 보관등의 승인을 신청하고, 검사는 신청일부터 7일 이내에 통신제한조치를 허가한 법원에 그 승인을 청구할 수 있다.

③ 제1항 및 제2항에 따른 승인청구는 통신제한조치의 집행 경위, 취득한 결과의 요지, 보관등이 필요한 이유를 기재한 서면으로 하여야 하며, 다음 각 호의 서류를 첨부하여야 한다.

1. 청구이유에 대한 소명자료

2. 보관등이 필요한 전기통신의 목록

3. 보관등이 필요한 전기통신. 다만, 일정 용량의 파일 단위로 분할하는 등 적절한 방법으로 정보저장매체에 저장·봉인하여 제출하여야 한다.

④ 법원은 청구가 이유 있다고 인정하는 경우에는 보관등을 승인하고 이를 증명하는 서류(이하 이 조에서 "승인서"라 한다)를 발부하며, 청구가 이유 없다고 인정하는 경우에는 청구를 기각하고 이를 청구인에게 통지한다.

⑤ 검사 또는 사법경찰관은 제1항에 따른 청구나 제2항에 따른 신청을 하지 아니하는 경우에는 집행종료일부터 14일(검사가 사법경찰관의 신청을 기각한 경우에는 그 날부터 7일) 이내에 통신제한조치로 취득한 전기통신을 폐기하여야 하고, 법원에 승인청구를 한 경우(취득한 전기통신의 일부에 대해서만 청구한 경우를 포함한다)에는 제4항에 따라 법원으로부터 승인서를 발부받거나 청구기각의 통지를 받은 날부터 7일 이내에 승인을 받지 못한 전기통신을 폐기하여야 한다.

⑥ 검사 또는 사법경찰관은 제5항에 따라 통신제한조치로 취득한 전기통신을 폐기한 때에는 폐기의 이유와 범위 및 일시 등을 기재한 폐기결과보고서를 작성하여 피의자의 수사기록 또는 피내사자의 내사사건기록에 첨

부하고, 폐기일부터 7일 이내에 통신제한조치를 허가한 법원에 송부하여
야 한다.

[본조신설 2020.3.24.]

제13조(범죄수사를 위한 통신사실 확인자료제공의 절차) ① 검사 또는 사법
경찰관은 수사 또는 형의 집행을 위하여 필요한 경우 전기통신사업법에 의한
전기통신사업자(이하 "전기통신사업자"라 한다)에게 통신사실 확인자료의 열
람이나 제출(이하 "통신사실 확인자료제공"이라 한다)을 요청할 수 있다.

② 검사 또는 사법경찰관은 제1항에도 불구하고 수사를 위하여 통신사실확
인자료 중 다음 각 호의 어느 하나에 해당하는 자료가 필요한 경우에는
다른 방법으로는 범죄의 실행을 저지하기 어렵거나 범인의 발견·확보
또는 증거의 수집·보전이 어려운 경우에만 전기통신사업자에게 해당 자
료의 열람이나 제출을 요청할 수 있다. 다만, 제5조제1항 각 호의 어느
하나에 해당하는 범죄 또는 전기통신을 수단으로 하는 범죄에 대한 통신
사실확인자료가 필요한 경우에는 제1항에 따라 열람이나 제출을 요청할
수 있다. <신설 2019.12.31.>

1. 제2조제11호바목·사목 중 실시간 추적자료

2. 특정한 기지국에 대한 통신사실확인자료

③ 제1항 및 제2항에 따라 통신사실 확인자료제공을 요청하는 경우에는 요청사
유, 해당 가입자와의 연관성 및 필요한 자료의 범위를 기록한 서면으로 관할
지방법원(군사법원을 포함한다. 이하 같다) 또는 지원의 허가를 받아야 한다.
다만, 관할 지방법원 또는 지원의 허가를 받을 수 없는 긴급한 사유가 있는
때에는 통신사실 확인자료제공을 요청한 후 지체 없이 그 허가를 받아 전기
통신사업자에게 송부하여야 한다. <개정 2005.5.26., 2019.12.31., 2021.9.24.>

④ 제3항 단서에 따라 긴급한 사유로 통신사실확인자료를 제공받았으나 지
방법원 또는 지원의 허가를 받지 못한 경우에는 지체 없이 제공받은 통
신사실확인자료를 폐기하여야 한다. <개정 2005.5.26., 2019.12.31.>

⑤ 검사 또는 사법경찰관은 제3항에 따라 통신사실 확인자료제공을 받은 때
에는 해당 통신사실 확인자료제공요청사실 등 필요한 사항을 기재한 대

장과 통신사실 확인자료제공요청서 등 관련자료를 소속기관에 비치하여
야 한다. <개정 2005.5.26., 2019.12.31.>

⑥ 지방법원 또는 지원은 제3항에 따라 통신사실 확인자료제공 요청허가청
구를 받은 현황, 이를 허가한 현황 및 관련된 자료를 보존하여야 한다.
<개정 2005.5.26., 2019.12.31.>

⑦ 전기통신사업자는 검사, 사법경찰관 또는 정보수사기관의 장에게 통신사실
확인자료를 제공한 때에는 자료제공현황 등을 연 2회 과학기술정보통신부
장관에게 보고하고, 해당 통신사실 확인자료 제공사실등 필요한 사항을 기
재한 대장과 통신사실 확인자료제공요청서등 관련자료를 통신사실확인자
료를 제공한 날부터 7년간 비치하여야 한다. <개정 2008.2.29., 2013.3.23.,
2017.7.26., 2019.12.31.>

⑧ 과학기술정보통신부장관은 전기통신사업자가 제7항에 따라 보고한 내용
의 사실여부 및 비치하여야 하는 대장등 관련자료의 관리실태를 점검할
수 있다. <개정 2008.2.29., 2013.3.23., 2017.7.26., 2019.12.31.>

⑨ 이 조에서 규정된 사항 외에 범죄수사를 위한 통신사실 확인자료제공과
관련된 사항에 관하여는 제6조(제7항 및 제8항은 제외한다)를 준용한다.
<신설 2005.5.26., 2019.12.31.>

[본조신설 2001.12.29.]

[제목개정 2005.5.26.]

[2019.12.31. 법률 제16849호에 의하여 2018.6.28. 헌법재판소에서 헌법불합
치 결정된 이 조를 개정함.]

제13조의2(법원에의 통신사실확인자료제공) 법원은 재판상 필요한 경우에는
민사소송법 제294조 또는 형사소송법 제272조의 규정에 의하여 전기통신사
업자에게 통신사실확인자료제공을 요청할 수 있다. <개정 2002.1.26.>

[본조신설 2001.12.29.]

제13조의3(범죄수사를 위한 통신사실 확인자료제공의 통지) ① 검사 또는
사법경찰관은 제13조에 따라 통신사실 확인자료제공을 받은 사건에 관하여

다음 각 호의 구분에 따라 정한 기간 내에 통신사실 확인자료제공을 받은 사실과 제공요청기관 및 그 기간 등을 통신사실 확인자료제공의 대상이 된 당사자에게 서면으로 통지하여야 한다. <개정 2019.12.31., 2021.1.5., 2021.3.16.>

1. 공소를 제기하거나, 공소제기·검찰송치를 하지 아니하는 처분(기소중지·참고인중지 또는 수사중지 결정은 제외한다) 또는 입건을 하지 아니하는 처분을 한 경우: 그 처분을 한 날부터 30일 이내. 다만, 다음 각 목의 어느 하나에 해당하는 경우 그 통보를 받은 날부터 30일 이내

   가. 수사처검사가 「고위공직자범죄수사처 설치 및 운영에 관한 법률」 제26조제1항에 따라 서울중앙지방검찰청 소속 검사에게 관계 서류와 증거물을 송부한 사건에 관하여 이를 처리하는 검사로부터 공소를 제기하거나 제기하지 아니하는 처분(기소중지 또는 참고인중지 결정은 제외한다)의 통보를 받은 경우

   나. 사법경찰관이 「형사소송법」 제245조의5제1호에 따라 검사에게 송치한 사건으로서 검사로부터 공소를 제기하거나 제기하지 아니하는 처분(기소중지 또는 참고인중지 결정은 제외한다)의 통보를 받은 경우

2. 기소중지·참고인중지 또는 수사중지 결정을 한 경우: 그 결정을 한 날부터 1년(제6조제8항 각 호의 어느 하나에 해당하는 범죄인 경우에는 3년)이 경과한 때부터 30일 이내. 다만, 다음 각 목의 어느 하나에 해당하는 경우 그 통보를 받은 날로부터 1년(제6조제8항 각 호의 어느 하나에 해당하는 범죄인 경우에는 3년)이 경과한 때부터 30일 이내

   가. 수사처검사가 「고위공직자범죄수사처 설치 및 운영에 관한 법률」 제26조제1항에 따라 서울중앙지방검찰청 소속 검사에게 관계 서류와 증거물을 송부한 사건에 관하여 이를 처리하는 검사로부터 기소중지 또는 참고인중지 결정의 통보를 받은 경우

   나. 사법경찰관이 「형사소송법」 제245조의5제1호에 따라 검사에게 송치한 사건으로서 검사로부터 기소중지 또는 참고인중지 결정의 통보를 받은 경우

3. 수사가 진행 중인 경우: 통신사실 확인자료제공을 받은 날부터 1년(제6조제8항 각 호의 어느 하나에 해당하는 범죄인 경우에는 3년)이 경과한 때부터 30일 이내

② 제1항제2호 및 제3호에도 불구하고 다음 각 호의 어느 하나에 해당하는 사유가 있는 경우에는 그 사유가 해소될 때까지 같은 항에 따른 통지를 유예할 수 있다. <신설 2019.12.31.>

1. 국가의 안전보장, 공공의 안녕질서를 위태롭게 할 우려가 있는 경우

2. 피해자 또는 그 밖의 사건관계인의 생명이나 신체의 안전을 위협할 우려가 있는 경우

3. 증거인멸, 도주, 증인 위협 등 공정한 사법절차의 진행을 방해할 우려가 있는 경우

4. 피의자, 피해자 또는 그 밖의 사건관계인의 명예나 사생활을 침해할 우려가 있는 경우

③ 검사 또는 사법경찰관은 제2항에 따라 통지를 유예하려는 경우에는 소명자료를 첨부하여 미리 관할 지방검찰청 검사장의 승인을 받아야 한다. 다만, 수사처검사가 제2항에 따라 통지를 유예하려는 경우에는 소명자료를 첨부하여 미리 수사처장의 승인을 받아야 한다. <신설 2019.12.31., 2021.1.5.>

④ 검사 또는 사법경찰관은 제2항 각 호의 사유가 해소된 때에는 그 날부터 30일 이내에 제1항에 따른 통지를 하여야 한다. <신설 2019.12.31.>

⑤ 제1항 또는 제4항에 따라 검사 또는 사법경찰관으로부터 통신사실 확인자료 제공을 받은 사실 등을 통지받은 당사자는 해당 통신사실 확인자료제공을 요청한 사유를 알려주도록 서면으로 신청할 수 있다. <신설 2019.12.31.>

⑥ 제5항에 따른 신청을 받은 검사 또는 사법경찰관은 제2항 각 호의 어느 하나에 해당하는 경우를 제외하고는 그 신청을 받은 날부터 30일 이내에 해당 통신사실 확인자료제공 요청의 사유를 서면으로 통지하여야 한다. <신설 2019.12.31.>

⑦ 제1항부터 제5항까지에서 규정한 사항 외에 통신사실 확인자료제공을 받은 사실 등에 관하여는 제9조의2(제3항은 제외한다)를 준용한다. <개정 2019.12.31.>

[본조신설 2005.5.26.]

[2019.12.31. 법률 제16849호에 의하여 2018.6.28. 헌법재판소에서 헌법불합치 결정된 이 조를 개정함.]

제13조의4(국가안보를 위한 통신사실 확인자료제공의 절차 등) ① 정보수사기관의 장은 국가안전보장에 대한 위해를 방지하기 위하여 정보수집이 필요한 경우 전기통신사업자에게 통신사실 확인자료제공을 요청할 수 있다.

② 제7조 내지 제9조 및 제9조의2제3항·제4항·제6항의 규정은 제1항의 규정에 의한 통신사실 확인자료제공의 절차 등에 관하여 이를 준용한다. 이 경우 "통신제한조치"는 "통신사실 확인자료제공 요청"으로 본다.

③ 통신사실확인자료의 폐기 및 관련 자료의 비치에 관하여는 제13조제4항 및 제5항을 준용한다. <개정 2019.12.31.>

[본조신설 2005.5.26.]

제13조의5(비밀준수의무 및 자료의 사용 제한) 제11조 및 제12조의 규정은 제13조의 규정에 의한 통신사실 확인자료제공 및 제13조의4의 규정에 의한 통신사실 확인자료제공에 따른 비밀준수의무 및 통신사실확인자료의 사용제한에 관하여 이를 각각 준용한다.

[본조신설 2005.5.26.]

제14조(타인의 대화비밀 침해금지) ① 누구든지 공개되지 아니한 타인간의 대화를 녹음하거나 전자장치 또는 기계적 수단을 이용하여 청취할 수 없다.

② 제4조 내지 제8조, 제9조제1항 전단 및 제3항, 제9조의2, 제11조제1항·제3항·제4항 및 제12조의 규정은 제1항의 규정에 의한 녹음 또는 청취에 관하여 이를 적용한다. <개정 2001.12.29.>

제15조(국회의 통제) ① 국회의 상임위원회와 국정감사 및 조사를 위한 위원회는 필요한 경우 특정한 통신제한조치 등에 대하여는 법원행정처장, 통신제한조치를 청구하거나 신청한 기관의 장 또는 이를 집행한 기관의 장에 대하여, 감청설비에 대한 인가 또는 신고내역에 관하여는 과학기술정보통신부장관에게 보고를 요구할 수 있다. <개정 2008.2.29., 2013.3.23., 2017.7.26.>

② 국회의 상임위원회와 국정감사 및 조사를 위한 위원회는 그 의결로 수사관서의 감청장비보유현황, 감청집행기관 또는 감청협조기관의 교환실 등

필요한 장소에 대하여 현장검증이나 조사를 실시할 수 있다. 이 경우 현장검증이나 조사에 참여한 자는 그로 인하여 알게 된 비밀을 정당한 사유없이 누설하여서는 아니된다.

③ 제2항의 규정에 의한 현장검증이나 조사는 개인의 사생활을 침해하거나 계속중인 재판 또는 수사중인 사건의 소추에 관여할 목적으로 행사되어서는 아니된다.

④ 통신제한조치를 집행하거나 위탁받은 기관 또는 이에 협조한 기관의 중앙행정기관의 장은 국회의 상임위원회와 국정감사 및 조사를 위한 위원회의 요구가 있는 경우 대통령령이 정하는 바에 따라 제5조 내지 제10조와 관련한 통신제한조치보고서를 국회에 제출하여야 한다. 다만, 정보수사기관의 장은 국회정보위원회에 제출하여야 한다.

[전문개정 2001.12.29.]

제15조의2(전기통신사업자의 협조의무) ① 전기통신사업자는 검사·사법경찰관 또는 정보수사기관의 장이 이 법에 따라 집행하는 통신제한조치 및 통신사실 확인자료제공의 요청에 협조하여야 한다.

② 제1항의 규정에 따라 통신제한조치의 집행을 위하여 전기통신사업자가 협조할 사항, 통신사실확인자료의 보관기간 그 밖에 전기통신사업자의 협조에 관하여 필요한 사항은 대통령령으로 정한다.

[본조신설 2005.5.26.]

제16조(벌칙) ① 다음 각 호의 어느 하나에 해당하는 자는 1년 이상 10년 이하의 징역과 5년 이하의 자격정지에 처한다. <개정 2014.1.14., 2018.3.20.>

1. 제3조의 규정에 위반하여 우편물의 검열 또는 전기통신의 감청을 하거나 공개되지 아니한 타인간의 대화를 녹음 또는 청취한 자

2. 제1호에 따라 알게 된 통신 또는 대화의 내용을 공개하거나 누설한 자

② 다음 각호의 1에 해당하는 자는 10년 이하의 징역에 처한다. <개정 2005.5.26.>

1. 제9조제2항의 규정에 위반하여 통신제한조치허가서 또는 긴급감청서등의

표지의 사본을 교부하지 아니하고 통신제한조치의 집행을 위탁하거나 집행에 관한 협조를 요청한 자 또는 통신제한조치허가서 또는 긴급감청서등의 표지의 사본을 교부받지 아니하고 위탁받은 통신제한조치를 집행하거나 통신제한조치의 집행에 관하여 협조한 자

2. 제11조제1항(제14조제2항의 규정에 의하여 적용하는 경우 및 제13조의5의 규정에 의하여 준용되는 경우를 포함한다)의 규정에 위반한 자

③ 제11조제2항(제13조의5의 규정에 의하여 준용되는 경우를 포함한다)의 규정에 위반한 자는 7년 이하의 징역에 처한다. <개정 2005. 5. 26.>

④ 제11조제3항(제14조제2항의 규정에 의하여 적용하는 경우 및 제13조의5의 규정에 의하여 준용되는 경우를 포함한다)의 규정에 위반한 자는 5년 이하의 징역에 처한다. <개정 2005.5.26.>

[전문개정 2001.12.29.]

제17조(벌칙) ①다음 각 호의 어느 하나에 해당하는 자는 5년 이하의 징역 또는 3천만원 이하의 벌금에 처한다. <개정 2004.1.29., 2018.3.20.>

1. 제9조제2항의 규정에 위반하여 통신제한조치허가서 또는 긴급감청서등의 표지의 사본을 보존하지 아니한 자

2. 제9조제3항(제14조제2항의 규정에 의하여 적용하는 경우를 포함한다)의 규정에 위반하여 대장을 비치하지 아니한 자

3. 제9조제4항의 규정에 위반하여 통신제한조치허가서 또는 긴급감청서등에 기재된 통신제한조치 대상자의 전화번호 등을 확인하지 아니하거나 전기통신에 사용되는 비밀번호를 누설한 자

4. 제10조제1항의 규정에 위반하여 인가를 받지 아니하고 감청설비를 제조·수입·판매·배포·소지·사용하거나 이를 위한 광고를 한 자

5. 제10조제3항 또는 제4항의 규정에 위반하여 감청설비의 인가대장을 작성 또는 비치하지 아니한 자

5의2. 제10조의3제1항의 규정에 의한 등록을 하지 아니하거나 거짓으로 등록하여 불법감청설비탐지업을 한 자

6. 삭제 <2018.3.20.>

② 다음 각 호의 어느 하나에 해당하는 자는 3년 이하의 징역 또는 1천만원 이하의 벌금에 처한다. <개정 2004.1.29., 2008.2.29., 2013.3.23., 2017.7.26., 2019.12.31., 2022.12.27.>

1. 제3조제3항의 규정을 위반하여 단말기기 고유번호를 제공하거나 제공받은 자

2. 제8조제5항을 위반하여 긴급통신제한조치를 즉시 중지하지 아니한 자

2의2. 제8조제10항을 위반하여 같은 조 제8항에 따른 통신제한조치를 즉시 중지하지 아니한 자

3. 제9조의2(제14조제2항의 규정에 의하여 적용하는 경우를 포함한다)의 규정에 위반하여 통신제한조치의 집행에 관한 통지를 하지 아니한 자

4. 제13조제7항을 위반하여 통신사실확인자료제공 현황등을 과학기술정보통신부장관에게 보고하지 아니하였거나 관련자료를 비치하지 아니한 자

[전문개정 2001.12.29.]

제18조(미수범) 제16조 및 제17조에 규정된 죄의 미수범은 처벌한다.

부　칙 〈법률 제17935호, 2021.3.16.〉

제1조(시행일) 이 법은 공포한 날부터 시행한다.

제2조(적용례) 제9조의2제2항, 제9조의3제2항 및 제13조의3제1항의 개정규정은 이 법 시행 전 사법경찰관이 검찰송치를 하지 아니하는 처분을 하였거나 수사중지 결정을 한 경우에도 적용한다.

부 칙 〈법률 제18465호, 2021.9.24.〉 (군사법원법)

제1조(시행일) 이 법은 2022년 7월 1일부터 시행한다.

제2조 부터 제7조까지 생략

제8조(다른 법률의 개정) ①부터 ⑥까지 생략

　⑦ 통신비밀보호법 일부를 다음과 같이 개정한다.

　제6조제3항, 제8조제5항 단서, 같은 조 제7항 및 제13조제3항 본문 중 "보통 군사법원"을 각각 "군사법원"으로 한다.

　⑧ 및 ⑨ 생략

제9조 생략

부 칙 〈법률 제18483호, 2021.10.19.〉

제1조(시행일) 이 법은 공포 후 1년이 경과한 날부터 시행한다.

제2조(불법감청설비탐지업자의 결격사유에 관한 경과조치) 이 법 시행 전에 종전의 규정에 따라 불법감청설비탐지업을 등록한 자는 제10 조의4제3호의 개정규정에도 불구하고 종전의 규정에 따른다.

부 칙 〈법률 제19103호, 2022.12.27.〉

제1조(시행일) 이 법은 공포한 날부터 시행한다.

제2조(법원의 허가를 받지 못한 긴급통신제한조치로 취득한 자료의 폐기 등에 관한 적용례) 제8조제5항, 제6항 및 제10항의 개정규정 중 긴급통신제한조치(같은 조 제8항에 따른 통신제한조치를 포함한다. 이하 이 조에서 같

다)로 취득한 자료의 폐기에 관한 부분은 이 법 시행 이후 긴급통신제한조치의 집행에 착수하는 경우부터 적용한다.

제3조(긴급통신제한조치통보서의 작성·송부 등에 관한 경과조치) 이 법 시행 전에 집행에 착수하여 36시간 이내에 종료된 긴급통신제한조치에 대한 긴급통신제한조치통보서의 작성·송부 등에 관하여는 제8조제5항부터 제7항까지의 개정규정에도 불구하고 종전의 규정에 따른다.

통신비밀보호법 시행령

[시행 2022.7.1.] [대통령령 제32737호, 2022.6.30., 타법개정]

제1조(목적) 이 영은 「통신비밀보호법」에서 위임된 사항과 그 시행에 관하여 필요한 사항을 규정함을 목적으로 한다.

제2조(법 적용의 기본원칙) 검사(군검사를 포함한다. 이하 같다), 사법경찰관(군사법경찰관을 포함한다. 이하 같다) 또는 정보수사기관의 장은 범죄수사나 국가안보를 위하여 우편물의 검열이나 전기통신의 감청(이하 "통신제한조치"라 한다)을 하는 경우 또는 공개되지 아니한 타인간의 대화를 녹음·청취함에 있어서 통신제한조치 또는 대화의 녹음·청취가 특히 필요하고 「통신비밀보호법」(이하 "법"이라 한다)에서 정한 요건을 모두 갖춘 경우에만 통신제한조치나 대화의 녹음·청취를 하여야 하며, 법에 따른 허가를 받거나 승인을 얻어 통신제한조치를 하거나 대화를 녹음·청취한 경우에도 이를 계속할 필요성이 없다고 판단되는 경우에는 즉시 이를 중단함으로써 국민의 통신비밀에 대한 침해가 최소한에 그치도록 하여야 한다. <개정 2022.6.30.>

제3조(감청설비 제외대상) 법 제2조제8호 단서에 따라 감청설비에서 제외되는 것은 감청목적으로 제조된 기기·기구가 아닌 것으로서 다음 각 호의 어느 하나에 해당하는 것을 말한다. <개정 2010.12.31., 2017.1.26.>

1. 「전기통신사업법」 제2조제4호에 따른 사업용전기통신설비

2. 「전기통신사업법」 제64조에 따라 설치한 자가전기통신설비

3. 삭제 <2010.12.31.>

4. 「전파법」 제19조에 따라 개설한 무선국의 무선설비

5. 「전파법」 제58조의2에 따라 적합성평가를 받은 방송통신기자재등

6. 「전파법」 제49조 및 같은 법 제50조에 따른 전파감시업무에 사용되는 무선설비

7. 「전파법」 제58조에 따라 허가받은 통신용 전파응용설비

8. 「전기용품 및 생활용품 안전관리법」 제2조제1호에 따른 전기용품 중 오디오·비디오 응용기기(직류전류를 사용하는 것을 포함한다)

9. 보청기 또는 이와 유사한 기기·기구

10. 그 밖에 전기통신 및 전파관리에 일반적으로 사용되는 기기·기구

제4조(범죄수사를 위한 통신제한조치의 허가청구서) ① 법 제6조제4항에 따른 범죄수사를 위한 통신제한조치의 허가청구서에는 법 제6조제4항에 따른 사항 외에 다음 각 호의 사항을 적어야 한다.

1. 혐의사실의 요지

2. 여러 통의 허가서를 동시에 청구하는 경우에는 그 취지 및 사유

② 제1항에 따른 허가청구서에는 그 허가를 청구하는 검사가 서명날인하여야 한다.

제5조(통신제한조치기간 연장의 절차) ① 법 제6조제7항 및 법 제7조제2항에 따라 통신제한조치기간 연장의 허가를 청구하거나 승인을 신청하는 경우에는 이를 서면으로 하여야 한다.

② 제1항의 서면에는 기간연장이 필요한 이유와 연장할 기간을 적고 소명자료를 첨부하여야 한다.

제6조(정보수사기관의 범위 등) ① 법 제7조제1항에서 "대통령령이 정하는 정보수사기관"이란 「정보 및 보안업무 기획·조정 규정」 제2조제6호에 따른 기관을 말한다.

② 국가정보원장(이하 "국정원장"이라 한다)은 정보수사기관의 장이 법 제7조에 따른 통신제한조치를 하는 경우 및 사법경찰관이 법 제5조제1항 각 호의 범죄 중 「정보 및 보안업무 기획·조정 규정」 제2조제5호의 정보사범 등의 수사를 위한 통신제한조치를 하는 경우에는 정보수사기관간의 통신제한조치 대상의 중복 등 그 남용을 방지하기 위하여 필요한 경우에 한하여 통신제한조치 대상의 선정 등에 관하여 해당 정보수사기관의 장과 협의·조정할 수 있다.

제7조(국가안보를 위한 통신제한조치에 관한 법원의 허가) ① 법 제7조제1항제1호의 고등법원은 통신제한조치를 받을 내국인의 쌍방 또는 일방의 주소지 또는 소재지를 관할하는 고등법원으로 한다.

② 제1항에 따른 고등법원의 수석부장판사가 질병·해외여행·장기출장 등의 사유로 직무를 수행하기 어려운 경우에는 해당 고등법원장이 허가업무를 대리할 부장판사를 지명할 수 있다.

③ 정보수사기관의 장은 법 제7조제1항제1호에 따라 통신제한조치를 하려는 경우에는 제1항에 따른 고등법원에 대응하는 고등검찰청의 검사에게 허가의 청구를 서면으로 신청하여야 한다.

④ 제3항에 따른 신청을 받은 고등검찰청 검사가 통신제한조치의 허가를 청구하는 경우에는 제4조를 준용한다.

제8조(국가안보를 위한 통신제한조치에 관한 대통령의 승인) ① 정보수사기관의 장이 법 제7조제1항제2호에 따라 통신제한조치를 하려는 경우에는 그에 관한 계획서를 국정원장에게 제출하여야 한다.

② 국정원장은 제1항에 따른 정보수사기관의 장이 제출한 계획서에 대하여 그 타당성 여부에 관한 심사를 하고, 심사 결과 타당성이 없다고 판단되는 경우에는 계획의 철회를 해당 정보수사기관의 장에게 요구할 수 있다.

③ 정보수사기관의 장이 제1항에 따른 계획서를 작성하는 경우에는 법 제6조제4항 및 이 영 제4조를 준용한다.

④ 국정원장은 제1항에 따라 정보수사기관의 장이 제출한 계획서를 종합하여 대통령에게 승인을 신청하며 그 결과를 해당 정보수사기관의 장에게 서면으로 통보한다.

제9조(국가안보를 위한 통신제한조치에 있어서의 통신당사자) ① 법 제7조를 적용함에 있어서 통신의 당사자의 명의가 가명·차명 등으로 표시되는 등 실제당사자의 명의와 다르게 표시된 경우에는 그에 불구하고 실제의 당사자를 기준으로 한다.

② 통신의 일방의 당사자가 법 제7조제1항제2호에 규정된 자이고, 그 상대방

이 특정되지 아니하거나 불분명한 경우에는 이를 법 제7조제1항제2호의 통신으로 본다.

제10조(긴급통신제한조치의 절차) 정보수사기관의 장이 국가안보를 위한 법 제8조에 따른 통신제한조치(이하 "긴급통신제한조치"라 한다)를 하는 경우 및 사법경찰관이 「정보 및 보안업무 기획·조정 규정」 제2조제5호에 따른 정보사범 등의 수사를 위하여 긴급통신제한조치를 하려는 경우에는 미리 국 정원장의 조정을 받아야 한다. 다만, 미리 조정을 받을 수 없는 특별한 사유 가 있는 경우에는 사후에 즉시 승인을 얻어야 한다.

제11조(통신제한조치 집행 시의 주의사항) ① 법 제9조에 따라 통신제한조 치를 집행하는 자(법 제9조제1항 후단에 따라 집행의 위탁을 받은 자를 포함 한다. 이하 이 조에서 같다)는 그 집행으로 인하여 우편 및 전기통신의 정상 적인 소통 및 그 유지·보수 등에 지장을 초래하지 아니하도록 하여야 한다.

② 통신제한조치를 집행하는 자는 그 집행으로 인하여 알게 된 타인의 비밀 을 누설하거나 통신제한조치를 받는 자의 명예를 해하지 아니하도록 하 여야 한다.

제12조(통신제한조치 집행의 협조) 검사, 사법경찰관 또는 정보수사기관의 장 (그 위임을 받은 소속 공무원을 포함한다)이 체신관서 그 밖의 관련기관 등에 통신제한조치의 집행에 관한 협조를 요청하는 경우에는 법 제9조제2항에 따른 통신제한조치허가서(법 제7조제1항제2호의 경우에는 대통령의 승인서를 말한다. 이하 제13조제2항, 제16조제1항·제2항 및 제17조제1항부터 제3항까지의 규정 에서 같다) 또는 긴급감청서등의 표지의 사본을 발급하고 자신의 신분을 표시 할 수 있는 증표를 체신관서, 그 밖의 관련기관의 장에게 제시하여야 한다.

제13조(통신제한조치의 집행위탁) ① 검사, 사법경찰관 또는 정보수사기관의 장은 법 제9조제1항에 따라 통신제한조치를 받을 당사자의 쌍방 또는 일방 의 주소지·소재지, 범죄지 또는 통신당사자와 공범관계에 있는 자의 주소 지·소재지를 관할하는 다음 각 호의 기관에 대하여 통신제한조치의 집행을 위탁할 수 있다.

1. 5급 이상인 공무원을 장으로 하는 우체국

2. 「전기통신사업법」에 따른 전기통신사업자

② 검사, 사법경찰관 또는 정보수사기관의 장(그 위임을 받은 공무원을 포함한다)이 제1항 각 호에 따른 기관(이하 "체신관서등"이라 한다)에 통신제한조치의 집행을 위탁하려는 경우에는 체신관서등에 대하여 소속기관의 장이 발행한 위탁의뢰서와 함께 통신제한조치허가서 또는 긴급감청서등(긴급검열서 또는 긴급감청서를 말한다. 이하 같다)의 표지의 사본을 교부하고 자신의 신분을 표시할 수 있는 증표를 제시하여야 한다.

③ 제1항 및 제2항 외에 수탁업무의 범위 등 위탁에 필요한 사항에 대하여는 과학기술정보통신부장관 또는 전기통신사업자의 장과 집행을 위탁한 기관의 장이 협의하여 정한다. <개정 2013.3.23., 2017.7.26.>

제14조(우편 및 전기통신의 원활한 소통을 위한 조치) ① 체신관서등의 장은 제12조에 따라 통신제한조치의 집행에 협조하거나 제13조제1항에 따라 위탁받은 통신제한조치를 집행함에 있어서 우편 및 전기통신의 정상적인 소통에 지장을 초래하는 경우에는 그 협조를 요청하거나 위탁을 한 검사, 사법경찰관 또는 정보수사기관의 장에게 이의 시정을 요구할 수 있다. 이 경우 그 시정을 요구받은 자는 즉시 이를 시정하여야 한다.

② 「전기통신사업법」에 따른 전기통신사업자(이하 "전기통신사업자"라 한다)는 법 제13조에 따라 통신사실확인자료를 제공함에 있어서 업무에 상당한 지장을 초래한다고 판단되는 경우에는 그 지장이 최소화될 수 있도록 이를 요청한 검사, 사법경찰관 또는 정보수사기관의 장과 협의·조정하여 통신사실 확인자료를 제공할 수 있다.

제15조(우편물 인수·인계 사실의 기록 및 서명) 검사, 사법경찰관 또는 정보수사기관의 장이 우편물을 검열함에 있어서 우체국으로부터 우편물을 인계받은 경우 및 인계받은 우편물을 반환하는 경우에는 해당 우편물의 인수자와 인계자는 통신제한조치집행협조대장에 그 사실을 기록하고 서명하여야 한다.

제16조(수탁업무의 집행중지 등) ① 검사, 사법경찰관 또는 정보수사기관의 장은 긴급통신제한조치에 관한 집행을 위탁한 경우에는 이를 위탁하여 통신제한조치를 집행한 때부터 36시간 이내에 통신제한조치허가서 표지의 사본을 체신관서등에 제출하여야 한다.

② 체신관서등은 검사, 사법경찰관 또는 정보수사기관의 장이 제1항에 따른 시간 내에 통신제한조치허가서 표지의 사본을 제출하지 아니한 경우에는 수탁업무의 집행을 즉시 중지하여야 한다.

③ 제2항에 따라 체신관서등이 수탁업무의 집행을 중지한 경우 검사, 사법경찰관 또는 정보수사기관의 장은 체신관서등으로부터 인계받은 우편물이 있는 경우에는 이를 즉시 반환하여야 한다.

제17조(통신제한조치허가서 등의 표지 사본의 보존기간 등) ① 제12조·제13조 및 제16조에 따라 체신관서등에 제출하는 통신제한조치허가서 또는 긴급감청서등의 표지 사본에는 통신제한조치의 종류·대상·범위·기간·집행장소 및 방법 등을 표시하여야 한다.

② 통신제한조치허가서 또는 긴급감청서등의 표지 사본의 보존기간 및 법 제9조제3항에 따른 대장의 비치기간은 3년으로 한다. 다만, 「보안업무규정」에 따라 비밀로 분류된 경우에는 그 보존 또는 비치기간은 그 비밀의 보호기간으로 한다.

③ 제12조부터 제16조까지의 규정에 따라 통신제한조치의 집행을 위탁받거나 집행에 협조한 자는 통신제한조치허가서 또는 긴급감청서등의 표지 사본과 대장에 대한 비밀의 보호 및 훼손·조작의 방지를 위하여 열람제한 등의 적절한 보존조치를 하여야 한다.

제18조(통신제한조치 집행 후의 조치) ① 통신제한조치를 집행한 검사, 사법경찰관 또는 정보수사기관의 장은 그 집행의 경위 및 이로 인하여 취득한 결과의 요지를 조서로 작성하고, 그 통신제한조치의 집행으로 취득한 결과와 함께 이에 대한 비밀보호 및 훼손·조작의 방지를 위하여 봉인·열람제한 등의 적절한 보존조치를 하여야 한다.

② 사법경찰관은 통신제한조치를 집행하여 수사 또는 내사한 사건을 종결할

경우 그 결과를 검사에게 보고하여야 한다. 다만, 그 사건을 송치하는 경우에는 그러하지 아니하다.

③ 정보수사기관의 장이 법 제7조에 따른 통신제한조치를 집행하여 정보를 수집한 경우 및 사법경찰관이 「정보 및 보안업무 기획·조정 규정」 제2조제5호에 따른 정보사범 등에 대하여 통신제한조치를 집행하여 수사 또는 내사한 사건을 종결한 경우에는 그 집행의 경위 및 이로 인하여 취득한 결과의 요지를 서면으로 작성하여 국정원장에게 제출하여야 한다.

④ 제1항에 따른 보존조치를 함에 있어서의 보존기간은 범죄수사를 위한 통신제한조치로 취득한 결과의 경우에는 그와 관련된 범죄의 사건기록 보존기간과 같은 기간으로 하고, 국가안보를 위한 통신제한조치로 취득한 결과의 경우에는 「보안업무규정」에 따라 분류된 비밀의 보호기간으로 한다.

제19조(통신제한조치 집행에 관한 통지의 유예) ① 검사 또는 사법경찰관이 법 제9조의2제5항에 따라 통신제한조치의 집행에 관한 통지를 유예하기 위하여 관할 지방검찰청검사장(관할 보통검찰부장을 포함한다)의 승인을 얻으려는 경우에는 집행한 통신제한조치의 종류·대상·범위·기간, 통신제한조치를 집행한 사건의 처리일자·처리결과, 통지를 유예하려는 사유 등을 적은 서면으로 신청하여야 한다. 이 경우 사법경찰관은 관할 지방검찰청검사장의 승인을 신청하는 서면을 관할 지방검찰청 또는 지청(관할 보통검찰부를 포함한다)에 제출하여야 한다.

② 제1항에 따른 신청을 받은 관할 지방검찰청검사장은 통지를 유예하려는 사유 등을 심사한 후 그 결과를 검사 또는 사법경찰관에게 통지하여야 한다.

제20조(수탁업무 취급담당자의 지정) ① 체신관서등의 장은 통신제한조치의 집행을 위탁받은 경우에는 그 수탁업무의 취급담당자를 지정하여야 한다.

② 제1항에 따른 수탁업무 취급담당자 중 법 제7조에 따른 국가안보를 위한 통신제한조치의 수탁업무 취급담당자는 Ⅱ급 비밀취급인가자에 한하며, 필요한 최소한의 인원으로 지정하여야 한다.

제21조(업무위탁 등에 따른 비용의 부담 및 설비의 제공) ① 통신제한조치의 집행을 위탁받거나 집행협조를 요청받은 체신관서등의 장과 통신사실 확인자료제공 요청의 집행협조를 요청받은 체신관서등의 장은 집행을 위탁하거나 그 자료제공을 요청한 검사·사법경찰관이 소속된 기관의 장 또는 정보수사기관의 장(이하 이 조에서 "위탁기관의 장"이라 한다)에게 그 업무의 수행에 드는 비용의 지급을 요청할 수 있다.

② 제1항에 따른 비용의 산정 및 그 지급방법 등은 위탁기관의 장과 수탁기관의 장이 협의하여 정한다.

③ 통신제한조치의 집행을 위탁한 검사, 사법경찰관 또는 정보수사기관의 장은 체신관서등의 장에게 그 집행에 필요한 설비를 제공하여야 한다.

제22조(감청설비 제조 등의 인가) ① 법 제10조에 따라 감청설비의 제조·수입·판매·배포·소지·사용·광고에 관한 인가(이하 "감청설비인가"라 한다)를 받으려는 자는 인가신청목적, 그 설비의 제원 및 성능에 관한 자료를 첨부하여 감청설비 인가신청서와 해당 감청설비 계통도를 과학기술정보통신부장관에게 제출하여야 한다. <개정 2013.3.23., 2017.7.26.>

② 제1항에 따른 인가신청서를 받은 과학기술정보통신부장관은 이를 심사하여 그 목적이 타당하고, 감청설비가 다른 전기통신설비에 위해를 미치지 아니한다고 인정되는 경우에 한하여 이를 인가한다. 이 경우 과학기술정보통신부장관은 그 인가의 종류 및 목적 등을 참작하여 인가의 유효기간을 정할 수 있다. <개정 2013.3.23., 2017.7.26.>

③ 과학기술정보통신부장관은 제2항에 따른 감청설비인가를 한 경우에는 신청인에게 감청설비 인가서를 발급하여야 한다. <개정 2013.3.23., 2017.7.26.>

④ 과학기술정보통신부장관은 제1항에 따른 인가신청에 대하여 인가를 하지 아니한 경우에는 그 사유를 구체적으로 밝힌 문서를 신청인에게 내주어야 한다. <개정 2013.3.23., 2017.7.26.>

제23조(감청설비 관리대장) 제22조제2항에 따라 감청설비인가를 받은 자는 법 제10조제4항에 따라 감청설비 관리대장을 비치하고 그 관리상황을 적어야 한다.

제24조(인가의 취소 등) ① 과학기술정보통신부장관은 제22조에 따른 인가를 받은 자가 다음 각 호의 어느 하나에 해당하게 된 경우에는 그 인가를 취소하고, 그 뜻을 서면으로 알려야 한다. <개정 2013.3.23., 2017.7.26.>

1. 허위 그 밖에 부정한 방법으로 인가받은 것이 판명된 경우

2. 법 제10조제4항을 위반한 경우

② 제1항에 따라 인가가 취소된 자는 인가서를 지체 없이 과학기술정보통신부장관에게 반납하여야 한다. <개정 2013.3.23., 2017.7.26.>

제25조(불법감청설비의 폐기) 감청설비인가를 받은 자는 제24조에 따라 감청설비인가가 취소되거나 제22조제2항 후단에 따른 인가유효기간이 지난 경우에는 지체없이 그 감청설비의 제조·판매·사용 등의 중지, 폐기, 그 밖의 적절한 조치를 하고, 그 결과를 과학기술정보통신부장관에게 보고하여야 한다. <개정 2013.3.23., 2017.7.26.>

제26조(청문) 과학기술정보통신부장관은 제24조제1항에 따라 인가를 취소하거나 법 제10조의5에 따라 불법감청설비탐지업의 등록을 취소하려는 경우에는 청문을 실시하여야 한다. <개정 2013.3.23., 2017.7.26.>

제27조(국가기관 감청설비의 신고 등) ① 법 제10조의2제1항 및 제2항에서 "대통령령이 정하는 사항"이란 다음 각 호의 사항을 말한다.

1. 감청설비의 종류 및 명칭

2. 수량

3. 사용전원

4. 사용방법

5. 감청수용능력

6. 도입시기

② 국가기관(정보수사기관은 제외한다)은 감청설비를 도입하는 경우 제1항 각 호의 사항을 매 반기 종료 후 15일 이내에 과학기술정보통신부장관에

게 신고하여야 한다. <개정 2013.3.23., 2017.7.26.>

③ 제2항에 따른 신고를 하는 경우에는 감청설비의 명칭별로 제1항 각 호의 사항을 적은 서류를 첨부하여야 한다.

④ 정보수사기관은 감청설비를 도입하는 경우에는 제1항 각 호의 사항을 매 반기 종료 후 15일 이내에 국회정보위원회에 통보하여야 한다.

제28조(불법감청설비탐지업등록의 신청) ① 법 제10조의3제1항에 따른 불법 감청설비탐지업(이하 "불법감청설비탐지업"이라 한다)의 등록을 하려는 자 는 불법감청설비탐지업등록신청서(전자문서를 포함한다)에 다음 각 호의 서 류(전자문서를 포함한다)를 첨부하여 과학기술정보통신부장관에게 제출하여 야 한다. <개정 2013.3.23., 2017.7.26.>

1. 이용자보호계획서 및 사업계획서

2. 기술인력 현황 및 해당 기술인력의 경력증명서(「국가기술자격법」에 따 른 국가기술자격이 없는 기술인력인 경우에만 첨부한다)

3. 탐지장비 보유현황

② 제1항에 따라 등록신청을 받은 과학기술정보통신부장관은 「전자정부법」 제36조제1항에 따른 행정정보의 공동이용을 통하여 법인 등기사항증명서 와 해당 기술인력의 국가기술자격증을 확인하여야 한다. 다만, 해당 기술 인력이 국가기술자격증의 확인에 동의하지 아니하는 경우에는 해당 국가 기술자격증 사본을 첨부하도록 하여야 한다. <개정 2010.5.4., 2010.11.2., 2013.3.23., 2017.7.26.>

제29조(등록증의 발급 등) ① 제28조에 따라 등록신청을 받은 과학기술정보 통신부장관은 제30조의 등록요건에 적합하다고 인정되는 경우에는 다음 각 호의 사항을 불법감청설비탐지업등록대장에 적고, 신청을 받은 날부터 20일 이내에 불법감청설비탐지업등록증(이하 "등록증"이라 한다)을 신청인에게 발급하여야 한다. <개정 2013.3.23., 2017.7.26.>

1. 등록번호 및 등록연월일

2. 법인의 명칭

3. 대표자

4. 주된 사무소의 소재지

5. 자본금

② 과학기술정보통신부장관은 제28조에 따른 등록신청에 대하여 보정이 필요하다고 인정되는 경우에는 7일 이내의 기간을 정하여 그 보정을 요구할 수 있다. 이 경우 보정에 드는 기간은 제1항의 처리기간에 산입하지 아니한다. <개정 2013.3.23., 2017.7.26.>

③ 불법감청설비탐지업의 등록을 한 자(이하 "불법감청설비탐지업자"라 한다)는 제1항에 따라 발급받은 등록증을 잃어버렸거나 등록증이 헐어 못쓰게 된 경우에는 과학기술정보통신부장관에게 등록증의 재발급을 신청할 수 있다. <개정 2013.3.23., 2017.7.26.>

제30조(불법감청설비탐지업의 등록요건) 법 제10조의3제3항에 따른 불법감청설비탐지업의 등록요건은 별표 1과 같다.

제31조(불법감청설비탐지업의 변경등록) ① 불법감청설비탐지업자가 다음 각 호의 사항을 변경하려는 경우에는 과학기술정보통신부장관에게 변경등록을 하여야 한다. <개정 2013.3.23., 2017.7.26.>

1. 명칭

2. 대표자

3. 주된 사무소의 소재지

4. 이용자보호계획

5. 사업계획

6. 자본금

7. 기술인력

② 제1항에 따라 불법감청설비탐지업의 변경등록을 하려는 자는 불법감청설비탐지업 변경등록신청서(전자문서로 된 신청서를 포함한다)에 다음 각 호의 구분에 따른 서류(전자문서를 포함한다)를 첨부하여 과학기술정보

통신부장관에게 제출하여야 한다. <개정 2013.3.23., 2017.7.26.>

1. 법인의 명칭, 대표자 또는 주된 사무소 소재지를 변경하려는 경우 : 등록증

2. 이용자보호계획 또는 사업계획을 변경하려는 경우 : 변경되는 이용약관 또는 관계 서류

3. 기술인력을 변경하려는 경우 : 변경되는 기술인력의 경력증명서(「국가기술자격법」에 따른 국가기술자격이 없는 기술인력인 경우에만 첨부한다)

③ 제2항에 따라 법인의 명칭, 대표자, 주된 사무소 소재지 또는 자본금에 대한 변경등록신청을 받은 과학기술정보통신부장관은 「전자정부법」 제36조제1항에 따른 행정정보의 공동이용을 통하여 법인 등기사항증명서와 해당 기술인력의 국가기술자격증을 확인하여야 한다. 다만, 해당 기술인력이 국가기술자격증의 확인에 동의하지 아니하는 경우에는 해당 국가기술자격증 사본을 첨부하도록 하여야 한다. <개정 2010.5.4., 2010.11.2., 2013.3.23., 2017.7.26.>

④ 과학기술정보통신부장관은 변경등록을 한 경우(제1항제1호부터 제3호까지의 변경등록만 해당한다)에는 변경사항을 등록증에 적어 신청인에게 내주어야 한다. <개정 2013.3.23., 2017.7.26.>

제32조(불법감청설비탐지업의 양도 등) 불법감청설비탐지업자가 불법감청설비탐지업을 양도하거나 법인을 합병(불법감청설비탐지업자인 법인이 불법감청설비탐지업자가 아닌 법인을 흡수합병하는 경우를 제외한다)하려는 경우에는 불법감청설비탐지업 양도·합병신고서(전자문서로 된 신고서를 포함한다)에 다음 각 호의 서류(전자문서를 포함한다)를 첨부하여 과학기술정보통신부장관에게 제출하여야 한다. <개정 2013.3.23., 2017.7.26.>

1. 양도계약서 또는 합병계약서의 사본

2. 등록증

제33조(불법감청설비탐지업의 승계) 제32조에 따른 양도 또는 합병신고를 한 경우 불법감청설비탐지업을 양수한 자는 불법감청설비탐지업을 양도한 자의 불법감청설비탐지업자로서의 지위를 승계하며, 법인의 합병에 의하여

설립되거나 존속하는 법인은 합병에 의하여 소멸되는 법인의 불법감청설비탐지업자로서의 지위를 승계한다.

제34조(불법감청설비탐지업의 휴지·폐지) ① 불법감청설비탐지업자가 불법감청설비탐지업을 1개월 이상 휴지하거나 폐지하려는 경우에는 불법감청설비탐비업 휴지·폐지신고서에 등록증을 첨부(불법감청설비탐비업을 폐지하는 경우에만 첨부한다)하여 과학기술정보통신부장관에게 신고하여야 한다. <개정 2013.3.23., 2017.7.26.>

② 불법감청설비탐지업의 휴지기간은 1년을 초과할 수 없다.

제35조(권한의 위임) 과학기술정보통신부장관은 법 제10조의3제4항에 따라 다음 각 호의 사항에 관한 권한을 중앙전파관리소장에게 위임한다. <개정 2013.3.23., 2017.7.26.>

1. 법 제10조의3 및 이 영 제31조에 따른 불법감청설비탐지업의 등록 및 변경등록

2. 법 제10조의5에 따른 불법감청설비탐지업의 등록취소 및 영업정지

3. 제26조에 따른 불법감청설비탐지업의 등록취소에 대한 청문

4. 제32조에 따른 불법감청설비탐지업의 양도·합병신고

5. 제34조에 따른 불법감청설비탐지업의 휴지·폐지신고

제36조(행정처분기준) 법 제10조의5에 따른 불법감청설비탐지업의 등록취소 및 영업정지의 처분기준은 별표 2와 같다.

제37조(통신사실 확인자료제공의 요청 등) ① 법 제13조제2항 본문 및 단서에서 "관할 지방법원 또는 지원"이란 피의자 또는 피내사자의 주소지·소재지, 범죄지 또는 해당 가입자의 주소지·소재지를 관할하는 지방법원 또는 지원을 말한다.

② 동일한 범죄의 수사 또는 동일인에 대한 형의 집행을 위하여 피의자 또는 는 피내사자가 아닌 다수의 가입자에 대하여 통신사실 확인자료제공의

요청이 필요한 경우에는 1건의 허가청구서에 의할 수 있다.

③ 범죄수사 또는 내사를 위한 통신사실 확인자료제공 요청 및 그 통지 등에 관하여는 제11조부터 제13조까지, 제17조부터 제21조까지의 규정을 준용한다. 다만, 제17조제2항 본문의 규정은 그러하지 아니하다.

④ 국가안보를 위한 통신사실 확인자료제공 요청 및 그 통지 등에 관하여는 제5조부터 제13조까지, 제16조부터 제18조까지, 제20조 및 제21조를 준용한다. 다만, 제17조제2항 본문의 규정은 그러하지 아니하다.

⑤ 검사, 사법경찰관 또는 정보수사기관의 장(그 위임을 받은 소속 공무원을 포함한다)은 제3항 및 제4항에서 준용하는 제12조에 따라 전기통신사업자에게 통신사실 확인자료제공 요청허가서 또는 긴급 통신사실 확인자료제공 요청서 표지의 사본을 발급하거나 신분을 표시하는 증표를 제시하는 경우에는 모사전송의 방법에 의할 수 있다.

제38조(통신사실확인자료의 제공에 관한 대장) 전기통신사업자는 법 제13조제1항, 법 제13조의2 및 법 제13조의4제1항에 따라 통신사실확인자료를 제공한 경우에는 통신사실확인자료 제공대장에 그 제공사실을 기록하여야 한다.

제39조(통신사실확인자료제공의 현황보고) 전기통신사업자는 법 제13조제7항에 따라 자료제공현황 등을 매 반기 종료 후 30일 이내에 과학기술정보통신부장관에게 보고하여야 한다. <개정 2013.3.23., 2017.7.26.>

제40조(통신제한조치보고서 기재사항 등) ① 법 제15조제4항에 따라 통신제한조치를 집행한 기관의 중앙행정기관의 장이 국회에 제출하는 통신제한조치보고서에는 통신제한조치 허가 및 승인 받은 건수, 통신제한조치 집행건수, 통신제한조치의 집행에 관한 통지건수 등 통계현황이 포함되어야 한다.

② 법 제15조제4항에 따라 통신제한조치의 집행을 위탁받거나 집행에 협조한 기관의 중앙행정기관의 장이 국회에 제출하는 통신제한조치보고서에는 통신제한 조치의 집행을 위탁받은 건수 또는 집행에 협조한 건수 등 통계현황이 포함되어야 한다.

③ 과학기술정보통신부장관은 법 제15조제4항에 따른 통신제한조치보고서를

작성하기 위하여 필요하다고 인정되는 경우에는 통신제한조치의 집행을 위탁받거나 집행에 협조한 기관의 장에게 반기마다 제2항에 따른 통계현황의 제출을 요청할 수 있다. 이 경우 제출을 요청받은 기관의 장은 특별한 사유가 없는 한 이에 응하여야 한다. <개정 2013.3.23., 2017.7.26.>

제41조(전기통신사업자의 협조의무 등) ① 법 제15조의2에 따라 전기통신사업자는 살인·인질강도 등 개인의 생명·신체에 급박한 위험이 현존하는 경우에는 통신제한조치 또는 통신사실 확인자료제공 요청이 지체없이 이루어질 수 있도록 협조하여야 한다.

② 법 제15조의2제2항에 따른 전기통신사업자의 통신사실확인자료 보관기간은 다음 각 호의 구분에 따른 기간 이상으로 한다.

1. 법 제2조제11호가목부터 라목까지 및 바목에 따른 통신사실확인자료 : 12개월. 다만, 시외·시내전화역무와 관련된 자료인 경우에는 6개월로 한다.

2. 법 제2조제11호마목 및 사목에 따른 통신사실확인자료 : 3개월

제41조의2(고유식별정보의 처리) 과학기술정보통신부장관(제35조에 따라 과학기술정보통신부장관의 권한을 위임받은 자를 포함한다)은 법 제10조의4에 따른 불법감청설비탐지업자의 결격사유 확인에 관한 사무를 수행하기 위하여 불가피한 경우 「개인정보 보호법 시행령」 제19조제1호에 따른 주민등록번호가 포함된 자료를 처리할 수 있다. <개정 2017.7.26.>

[본조신설 2014.8.6.]

[종전 제41조의2는 제41조의3으로 이동 <2014.8.6.>]

제41조의3(규제의 재검토) 과학기술정보통신부장관은 다음 각 호의 사항에 대하여 다음 각 호의 기준일을 기준으로 3년마다(매 3년이 되는 해의 기준일과 같은 날 전까지를 말한다) 그 타당성을 검토하여 개선 등의 조치를 하여야 한다. <개정 2017.7.26.>

1. 제30조에 따른 불법감청설비탐지업의 등록요건: 2014년 1월 1일

2. 제36조에 따른 행정처분기준: 2014년 1월 1일

[본조신설 2013.12.30.]

[제41조의2에서 이동 <2014.8.6.>]

제42조(「형사소송법」 등의 준용) 법 및 이 영에 특별한 규정이 있는 경우를 제외하고는 범죄수사를 위한 통신제한조치 및 통신사실 확인자료제공의 요청에 대하여는 그 성질에 반하지 아니하는 범위에서 「형사소송법」 또는 「형사소송규칙」의 압수·수색에 관한 규정을 준용한다.

부 칙 〈대통령령 제28210호, 2017.7.26.〉 (과학기술정보통신부와 그 소속기관 직제)

제1조(시행일) 이 영은 공포한 날부터 시행한다.

제2조 부터 제5조까지 생략

제6조(다른 법령의 개정) ①부터 <63>까지 생략

<64> 통신비밀보호법 시행령 일부를 다음과 같이 개정한다.

제13조제3항, 제22조제1항, 같은 조 제2항 전단·후단, 같은 조 제3항·제4항, 제24조제1항 각 호 외의 부분, 같은 조 제2항, 제25조, 제26조, 제27조제2항, 제28조제1항 각 호 외의 부분, 같은 조 제2항 본문, 제29조제1항 각 호 외의 부분, 같은 조 제2항 전단, 같은 조 제3항, 제31조제1항 각 호 외의 부분, 같은 조 제2항 각 호 외의 부분, 같은 조 제3항 본문, 같은 조 제4항, 제32조 각 호 외의 부분, 제34조제1항, 제35조 각 호 외의 부분, 제39조, 제40조제3항 전단, 제41조의2 및 제41조의3 각 호 외의 부분 중 "미래창조과학부장관"을 각각 "과학기술정보통신부장관"으로 한다.

<65>부터 <70>까지 생략

부 칙 〈대통령령 제28211호, 2017.7.26.〉 (행정안전부와 그 소속기관 직제)

제1조(시행일) 이 영은 공포한 날부터 시행한다. 다만, 부칙 제8조에 따라 개정되는 대통령령 중 이 영 시행 전에 공포되었으나 시행일이 도래하지 아니한 대통령령을 개정한 부분은 각각 해당 대통령령의 시행일부터 시행한다.

제2조 부터 제7조까지 생략

제8조(다른 법령의 개정) ①부터 〈73〉까지 생략

〈74〉 통신비밀보호법 시행령 일부를 다음과 같이 개정한다.

제13조제3항, 제22조제1항, 같은 조 제2항 전단·후단, 같은 조 제3항·제4항, 제24조제1항 각 호 외의 부분, 같은 조 제2항, 제25조, 제26조, 제27조제2항, 제28조제1항 각 호 외의 부분, 같은 조 제2항 본문, 제29조제1항 각 호 외의 부분, 같은 조 제2항 전단, 같은 조 제3항, 제31조제1항 각 호 외의 부분, 같은 조 제2항 각 호 외의 부분, 같은 조 제3항 본문, 같은 조 제4항, 제32조 각 호 외의 부분, 제34조제1항, 제35조 각 호 외의 부분, 제39조, 제40조제3항 전단, 제41조의2 및 제41조의3 각 호 외의 부분 중 "미래창조과학부장관"을 각각 "과학기술정보통신부장관"으로 한다.

〈75〉부터 〈388〉까지 생략

부 칙 〈대통령령 제32737호, 2022.6.30.〉 (군검찰사무 운영규정)

제1조(시행일) 이 영은 2022년 7월 1일부터 시행한다.

제2조(다른 법령의 개정) ①부터 ⑧까지 생략

⑨ 통신비밀보호법 시행령 일부를 다음과 같이 개정한다.

제2조 중 "군검찰관을"을 "군검사를"로 한다.

⑩ 및 ⑪ 생략

■ 대한법률콘텐츠연구회 ■

◆ 편 저 : 법률용어사전

　　　　건설 법전
　　　　산재판례 100선
　　　　판례 소법전
　　　　손해배상과 불법 행위
　　　　필수 산업재해 보상법
　　　　산업재해 이렇게 해결하라

타인간의 대화·통화 녹음녹취 처벌 실무지침서
통신비밀보호법 고소장 작성·고소방법

2023년 02월 05일 인쇄
2023년 02월 10일 발행

편 저 대한법률콘텐츠연구회
발행인 김현호
발행처 법문북스
공급처 법률미디어

주소 서울 구로구 경인로 54길4(구로동 636-62)
전화 02)2636-2911~2, 팩스 02)2636-3012
홈페이지 www.lawb.co.kr

등록일자 1979년 8월 27일
등록번호 제5-22호

ISBN 979-11-92369-62-4(13360)

정가 18,000원

이 도서의 국립중앙도서관 출판예정도서목록(CIP)은 서지정보유통지원시스템 홈페이지(http://seoji.nl.go.kr)와 국가
자료종합목록 구축시스템(http://kolis-net.nl.go.kr)에서 이용하실 수 있습니다.

대화나 통신의 자유 또는 비밀에 대한 제한은 그 대상을 한정하고 엄격한 법적 절차를 밟을 수 있도록 함으로써 통신 비밀을 보호하고 통신의 자유를 신장하기 위해서 제정된 법률을 '통신비밀보호법' 이라고 합니다.

여기서 통신이란 우편 법에 따른 통상우편물이나 소포우편물과 전화 또는 전자우편 등과 같이 전자적 방식으로 문언, 음향, 부호 또는 영상을 송수신하는 전기통신으로 정의되고 있습니다.

통신비밀보호법은 단순히 훔쳐듣는 의도뿐만 아니라 상대의 정보를 몰래 캐내는 등의 수단으로 활용할 수 있기에 자칫 큰 범죄로 이어질 수 있는 행위입니다. 남의 말을 엿듣는 것은 대화나 통화의 당사자가 내용을 메모, 녹음, 녹화하는 것과는 전혀 다른 것입니다

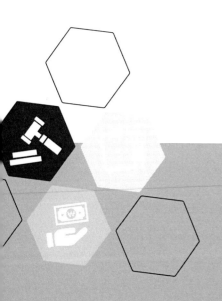

13360

9 791192 369624

ISBN 979-11-92369-62-4

18,000원